Edwin Steinhardt

Im Mittelpunkt der Mensch

Gedanken von

Johann Heinrich Pestalozzi
Friedrich v. Bodelschwingh
August Hermann Francke
Friedrich Fröbel
Ernst Jakob Christoffel
Johann Hinrich Wichern
Giovanni Melchiore Bosco
Rupert Neudeck
Renate Schneider

AGENTUR DES RAUHEN HAUSES HAMBURG

Was den Menschen dient

Im Buch Jesaja finden wir den Hinweis – und wir sollten dies durchaus als Aufforderung verstehen –, daß es uns gut ansteht und zu unserm Menschsein gehört, daß wir den Hungrigen „unser Herz finden lassen“ und den, der sich elend fühlt, sättigen (Kapitel 58,10). Das reicht sicher über ein wenig Gastfreundschaft hinaus, denn Gast ist man ja nur eine kurze Zeit. Wirkliche Hilfe, Lebens- und Überlebenshilfe braucht der Betreffende aber über eine längere Zeitspanne. Da haben wir Tage, wenn nicht gar Wochen und Monate – mitunter auch Jahre – seine Notlage vor Augen.

Hilfsbedürftigkeit hat viele Formen und unterschiedliche Auslöser. Es kann körperliche Hinfälligkeit sein, seelisches Leiden, Suchtabhängigkeit, Verarmung und als Folge sozialer Notzustand; es kann aber auch Entwurzelung aufgrund von kriegerischen Auseinandersetzungen sein, Verlust der Heimat. Da siedeln Menschen in einen neuen, für sie völlig fremden Lebensraum über, stehen plötzlich vor Verständigungs- und Sprachschwierigkeiten, können sich schwer in die Mentalität anderer Menschen hineinversetzen. Hier kommt vieles zusammen, was Konflikte auslösen kann. Heimatlos zu sein, ist ein schweres Los. Es ist sicher viel guter Wille geboten hier der Not zu wehren, Abhilfe zu schaffen, das Leben wieder in normale Bahnen zu lenken. Zu allen Zeiten haben sich Menschen bereitgefunden, sich dafür einzusetzen, daß der Würde des ande-

ren kein Schaden zugefügt werde, daß er sein Leben wirklich leben kann – und zwar im Rahmen seiner Möglichkeiten, seiner Begabung und Fähigkeiten.
Die folgenden Textbeiträge gehen darauf ein. Menschen werden vorgestellt, die nicht, um sich „einen Namen" zu machen, nicht der öffentlichen Anerkennung wegen – auch nicht, um sich vor Gott einen Verdienst zu erwerben – etwas in die Wege leiteten, sondern die aus innerer Überzeugung und, von ihrer positiven Lebens- und Glaubenseinstellung motiviert, zur Tat schritten und etwas aufzubauen begannen, was den Menschen dient, die einfach Hilfe brauchen. Sie waren sich – und sind es auch heute – darüber klar: Worte alleine machen niemand satt, schaffen die Not nicht aus der Welt.
So bauten sie mutig ein Hilfswerk auf, eine Zufluchtstätte, gewannen Freunde und Gleichgesinnte dazu. Sie ließen sich von Schwierigkeiten und Rückschlägen nicht entmutigen. Ihre Überzeugungskraft wirkte wie ein zündender Funke. Wir dürfen dankbar sein, daß es sie gibt: Menschen, die Antwort auf die Fragen geben: Wo ist dein Bruder? Wo ist deine Schwester? Sie tragen mit dazu bei, daß es ein wenig heller wird in unserer Welt.

Zwei Fremde, zwei Freunde

Gott wohnt als Fremder in seiner eigenen Schöpfung. Eines Tages sagt Reb Baruch zu seinen Schülern: „Stellt euch einen Menschen vor, den man aus seiner Heimat vertrieben hat. Er kommt an einen Ort, wo er keine Freunde hat, keine Verwandten. Sitten und Sprache des Landes sind ihm nicht vertraut. Natürlich fühlt er sich allein, schrecklich allein. Plötzlich sieht er einen anderen Fremden, der auch niemanden kennt, an den er sich wenden könnte. Die beiden Fremden treffen sich und lernen sich kennen. Sie unterhalten sich und gehen eine Zeitlang den Weg gemeinsam. Mit ein wenig Glück könnten sie sogar Freunde werden. Das ist die Wahrheit über Gott und den Menschen: Zwei Fremde, die versuchen, Freundschaft zu schließen."

Elie Wiesel

Brich dem Hungrigen dein Brot, und die im Elend ohne Obdach sind, führe ins Haus! Wenn du einen nackt siehst, so kleide ihn, und entzieh dich nicht deinem Fleisch und Blut.

Jesaja 58,7

Das ist eben das uns das Leben Erschwerende, daß wir meinen, mit diesem oder jenem unserer Erlebnisse allein zu stehen, als wären gerade wir von einem besonderen Schicksal betroffen; daß wir so leicht vergessen; daß wir inmitten einer unendlich ungeheuren Welt gleicher und verwandter Schicksale leben, kurz, daß das Menschenleben eine gemeinsame und keine einsame Sache ist.

Christian Morgenstern

Poesie des Tuns

Es ist schön,
ein hungerndes Kind zu sättigen,
ihm die Tränen zu trocknen,
ihm die Nase zu putzen;
es ist schön,
einen Kranken zu heilen.

Ein Bereich der Ästhetik,
den wir noch nicht entdeckt haben,
ist die Schönheit der Gerechtigkeit.

Über die Schönheit der Künste,
eines Menschen,
der Natur,
können wir uns halbwegs einigen.
Aber – Recht und Gerechtigkeit
sind auch schön,
und sie haben ihre Poesie,
wenn sie vollzogen werden.

Heinrich Böll

Ein Werk der Liebe

August Hermann Francke wurde am 22. März 1663 in Lübeck geboren. Sein Theologiestudium führt ihn nach Erfurt, Kiel und Leipzig. 1687 erlebt er in Lüneburg eine tiefe geistliche Erfahrung, die fortan sein Leben bestimmt. Beeindruckt von dem damals sehr geschätzten Theologen Philipp Jakób Spener hält Francke in Leipzig, wo er seit 1689 Dozent ist, erweckliche theologische Vorlesungen. Das führt zu Auseinandersetzungen mit der orthodoxen Theologie, und er verläßt Leipzig. 1692 wird ihm eine Pfarrstelle übertragen, und er wird zugleich auch Professor für orientalische Sprachen an der neu gegründeten Universität in Halle. Neben dieser Tätigkeit gründet und leitet er die nach ihm benannten Franckeschen Stiftungen. Im Mittelpunkt seiner Arbeit steht die Erziehung der Jugend.

Die Vorgeschichte

In der Regel hat im Leben alles eine Vorgeschichte, so auch der Lebensweg von August Hermann Francke, der 1663 in der Freien Reichsstadt Lübeck das Licht der Welt erblickte. Der Großvater mütterlicherseits, David Gloxin, hatte in Wittenberg, der Hochburg des Luthertums, studiert und war ein Mann, „der mit Gott lebte", dessen Glaubensüberzeugung vor Schwierigkeiten nicht kapitulierte, dessen Kraft dabei zu wachsen schien. Ähnliche Charakterzüge finden wir bei seinem Enkel ebenfalls.
Dieser Haltung ebenbürtig ist auch, was die Großmutter väterlicherseits auszeichnet. Elsabe Francke, geborene Wessel, stammt aus einem hanseatischen Geschlecht. Über sie gibt es ein schönes Zeugnis des Rektors des Lübecker Gymnasiums, der in nächster Nachbarschaft zur Familie Francke lebte: „Ihr Leben währte neunundsiebzig Jahre und fünf Wochen . . . Es war wirklich ein Leben, weil sie ganz ihrem Gott lebte . . . und weil sie ihre Kraft in den Dienst ihrer Mitmenschen stellte. Ihnen zu helfen wurde sie niemals müde."
Von dieser Frau mit einem liebevollen Herzen für ihre Mitmenschen hat der Enkel wohl entscheidende Impulse für sein späteres Lebenswerk empfangen. Sein Vater, Johannes Francke, ein Jurist, steht zunächst im Dienst des evangelischen Domkapitels zu Ratzeburg. Er hat seit seiner Studienzeit viele Freunde unter den Theologen, die sich ein Christsein ohne Heuchelei wünschen. Er siedelt dann nach Lübeck über und eröffnet dort eine Anwaltspraxis. Hier wird der Sohn August Hermann geboren. 1666 nimmt der Vater in Gotha eine Stelle als Staatsrat an. Vier Jahre später stirbt er, erst 45 Jahre alt, an einer kräftezehrenden Krankheit. Zurück bleibt eine leidgeprüfte

B E
A D
216.

Frau mit sechs Kindern. Der Vater hatte seinem Sohn den Weg in eine neue Welt ebnen wollen, in der sich Menschen freier fühlten. August Hermann Francke war beim Tod seines Vaters zwar erst sieben Jahre alt, aber in seinem Herzen muß sich bereits etwas von diesem Vaterbild festgesetzt haben, das er dann bewahrt hat.
Erinnert sei daran, daß in jener Zeit die Erziehung der Kinder ganz allgemein darniederlag. Die Kinder der armen Leute wuchsen auf den Gassen auf, in den Elementarschulen herrschte die Prügelmethode, und in den begüterten Häusern erzogen zum Teil das Gesinde und Hauslehrer die Kinder.
In dieser Zeit des Heranwachsens wird bald die große Begabung des Jungen erkennbar. Bereits mit sechzehn Jahren wird er für ein Semester auf die Universität Erfurt geschickt. Die Finanzierung des theologischen Studiums macht der Mutter mancherlei Sorge. Da bekommt August Hermann ein Stipendium. Ausgeprägte Persönlichkeiten prägen nunmehr sein Studium und seinen Werdegang. Für den jungen Francke steht fest, daß er die Laufbahn des Hochschullehrers einschlagen wird.

Ein Wendepunkt

Vorübergehend kehrt er zur Mutter nach Gotha zurück. Dann geht er nach Leipzig, erwirbt dort den Magistergrad. Um den tüchtigen Dozenten scharen sich bald die Studenten. 1687 führt ihn sein Weg nach Lüneburg. Er verspürt, daß die Welt nicht hält, was sie verspricht. Des jungen Magisters Umwelt ahnt nicht, was in ihm wirklich vorgeht. Ihn quält der Gedanke, zu verlieren, was seinem Vater, der Mutter und den Großeltern noch lebendige Glaubensgewißheit gewesen ist. Aber dann kommt der Augenblick, daß er sich seiner Berufung gewiß ist. Mittelpunkt seines Lebens ist nicht mehr so sehr die Gelehrsamkeit, sondern das Bedürfnis, anderen Menschen mit seinen Gaben zu dienen. Zu dieser Überzeugung, von Gott geführt zu werden, passen die Zeilen von Zinzendorf, der als Jugendlicher in Franckes Nähe in Halle gelebt hat:

> „Gottes Führung fordert Stille;
> wo der Fuß noch selber rauscht,
> wird des ew'gen Vaters Wille
> mit der eignen Wahl vertauscht.
> Göttliche und innre Dinge
> lassen vollends gar nicht zu,
> daß man sie mit Sturm erzwinge,
> sondern weisen uns zur Ruh."

Francke heiratet 1694. Im selben Jahr beginnt er damit, etwas gegen die größte Not in seiner Gemeinde, gegen das Elend der bettelnden und vernachlässigten Kinder zu tun. Er wird dabei von seiner Frau unterstützt, die den praktischen Rat gibt, die Bettelnden nicht vor der Tür abzuspeisen, sondern sie ins Haus hereinzuholen. So beginnt ganz klein ein Werk der Liebe.
Nach jeder Begegnung mit den Armen seiner Gemeinde vor den Toren Halles ist er sehr bekümmert. Vor allem die vielen verwahrlosten Kinder unter den Bettlergruppen, deren Eltern das wöchentliche Schulgeld nicht aufbringen können, gehen ihm

nicht aus dem Sinn. In seinem Wohnzimmer stellt er eine Sammelbüchse auf. Darüber steht ein Bibelwort: „Wenn aber jemand dieser Welt Güter hat und sieht seinen Bruder darben und schließt sein Herz vor ihm zu, wie bleibt dann die Liebe Gottes in ihm?“
(1. Johannes 3,17)

Der Beginn eines großen Werkes

Es ist wie mit einem Samenkorn. Mag es auch zunächst klein sein, wenn es aber aufgeht und Frucht bringt, kann daraus etwas Großartiges werden. So ist es auch hier. Mancher seiner zahlreichen Gäste gibt sogar eine größere Summe. Im Sommer 1694 richtet Francke vor seiner Studierstube einen Raum für eine „Armenschule“ ein. Die armen Kinder bleiben seine „große“ Liebe. Es betrübt ihn, daß sie immer wieder in ihren Gassenjargon zurückfallen. Alle Erziehungsbemühungen scheinen vergeblich zu sein. Es sind vor allem Waisenkinder, um die sich niemand groß kümmert.
Bald gewinnt er Freunde für seine Idee. In der unmittelbaren Nachbarschaft wird ein Haus erworben. Zunächst werden hier achtzehn Waisenkinder unter der Fürsorge eines verheirateten „Waisenvaters“ betreut. Francke hat Zeit seines Lebens keine Bittbriefe geschrieben, sondern nur von seiner Arbeit erzählt und unermüdlich auf ihre Notwendigkeit hingewiesen. Und es wurden immer wieder Mittel zur Verfügung gestellt.
Interessant dürfte sein, daß er diesen Kindern eine besonders geduldige Betreuung zukommen ließ. Sie durften eine Lateinschule besuchen, auf der sie die alten Sprachen lernten, die er selbst vorzüglich beherrschte, um auf den Hochschulbesuch vorbereitet zu werden. Nach einer vorliegenden Statistik aus jener Zeit hat er damals von 96 Waisenkindern 60 zum Studium und die nicht ganz so Begabten für einen Handwerksberuf ausgewählt. Aus diesen kleinen Anfängen entsteht dann ein soziales Werk, das bald über die Grenzen Halles bekannt wird.

Er hat Gott vertraut

Francke sah sich genötigt, einen „Generalplan zur Bekämpfung aller Not auf Erden“ zu entwickeln. Er kam beim Bau des Waisenhauses in Halle, den er mit einem Baukapital von vier Talern und sechzehn Groschen begann, oft in große Not. Auf einem Spaziergang erfuhr er eine große Glaubensstärkung, als er wieder einmal nicht wußte, wovon er den Bauleuten den Wochenlohn auszahlen sollte.
Als er nach Hause kam, antwortete er dem Aufseher der Arbeiter auf die Frage, ob Geld angekommen sei: „Nein, aber ich habe Glauben an Gott!“ Kaum hatte er dies gesagt, ließ sich ein Student melden und überbrachte dreißig Taler von jemandem, den er nicht nennen wollte. Dies war genau die Summe, die nötig war, um den Arbeitern ihren Lohn zu zahlen. Mit Recht steht auf seinem Denkmal in Halle: „Er hat Gott vertraut.“
Das Werk, das Francke aus bescheidenen Anfängen aufbaute, wurde bald überall bekannt. Im Glauben einst begonnen, wird es im Glauben weitergeführt.

Im Mittelpunkt der Mensch

Johann Heinrich Pestalozzi wurde am 12. Januar 1746 in Zürich geboren. Er begann Theologie und Rechtswissenschaft zu studieren. Aber angeregt durch Rousseau, der das Ideal einer naturnahen, undogmatischen Erziehung vertrat, die die natürlichen Anlagen des Kindes frei entwickeln lassen soll, machte Pestalozzi sich die Erziehung vor allem des „armen Volkes" zur Lebensaufgabe. Nach einer landwirtschaftlichen Ausbildung gründete er bei Birr im Argau 1769 das Gut Neuhof und wandelte es 1775 in einer Erziehungsstätte für arme Kinder um. In der Folgezeit wandte er sich auch sozialpolitischen Problemen zu und es erschienen verschiedene schriftstellerischen Werke. 1798 übernahm er ein Waisenhaus in Stans, etwas später leitete er eine Schule in Burgdorf. Die Grundgedanken wirken bis heute weiter. Er starb am 17. Februar 1827 in Brugg.

Lebenseindrücke

Die Familie Pestalozzi gehörte zu den ratsfähigen Geschlechtern der Stadt Zürich. Ihr Vorfahre war in der Mitte des 16. Jahrhunderts dort eingewandert. Pestalozzis Großvater war Dorfpfarrer. Sein Vater, ein Chirurg, starb bereits im Alter von dreiunddreißig Jahren. Die junge Witwe stand mit ihren drei minderjährigen Kindern vor einer wirtschaftlich schwierigen Zukunft. Aber sie verstand es trotz allem, den Kindern das Gefühl der Geborgenheit zu geben. So war die Atmosphäre der mütterlichen Wohnstube von tiefer Bedeutung für seine Entwicklung, und in einem Rückblick schildert er später diesen Segen einer liebevoll behüteten Kindheit.

Erwähnt werden muß auch – das ist bedeutungsvoll für das spätere Lebenswerk – die Großherzigkeit einer treuen Magd. Sie hatte ihrem todkranken Herrn versprochen, seine Frau und die Kinder nicht zu verlassen, solange sie ihrer Hilfe bedurften. Daraus wurden über vierzig Jahre treuen Dienstes. Dankbarkeit und Ehrerbietung gegenüber der „Babeli" sind in Pestalozzi unauslöschlich geblieben. In früher Jugend erfuhr er, daß die Kraft der Liebe und Herzensgröße in dieser schlichten Frau lebendig wirkten. Ein Chronist meint, daß hier die Wurzeln seines Glaubens an die ursprunghafte Güte des Menschen zu finden seien. Und noch etwas aus der Zeit des heranwachsenden Jungen ist bedeutungsvoll für seine spätere Zielsetzung. Er hatte kaum Umgang mit anderen Kindern, kannte keines ihrer Spiele, keines ihrer kleinen Geheimnisse. Geriet er einmal zufällig in ihre Mitte, verhielt er sich ziemlich ungeschickt. So bekam er bald einen Spitznamen: „Heinri Wunderli" wurde er genannt.

Später greift er dies in seiner Bildungstheorie auf und

meint: „Liebe, Arbeit und Umgang mit Gleichaltrigen sind die natürlichen Wekkungsmittel der Gesamtheit unserer Kräfte.“ Er ist auch später überzeugt, daß praktische Lebenserfahrung wichtiger für den heranwachsenden jungen Menschen ist als nur theoretische Wissensvermittlung.
Es gab für den Jungen einen Ort, an dem er lernen konnte, wie sich das Leben wirklich darbietet. In Höngg amtierte sein Großvater als Pfarrer. Andreas Pestalozzi war ein Seelsorger der alten Schule. Er besuchte seine Gemeindemitglieder nicht nur, wenn sie erkrankten oder am Sterbebett, sondern er kam in regelmäßigen Abständen zu ihnen und wußte so um die Sorgen und Nöte. Aber auch an ihrer Freude nahm er teil. So lernte sein Enkel Heinrich das Gemeinschaftsleben von Jugend auf kennen und lieben.

Zielsetzung

Er bemerkte bald, daß sich die Lebensauffassungen von Armen und Reichen, bei Herrschenden und Beherrschten doch sehr voneinander unterschieden. Darüber machte er sich seine eigenen Gedanken. So entwickelte sich bei ihm eine Vorliebe für die Armen und Schwachen. Eine wichtige Station seines Lebens war der Besuch der philologischen und philosophischen Klasse des Collegium Carolinum. Aber in die theologische Klasse trat er dann doch nicht ein. Er verließ die Schule mit 19 Jahren und wurde weder Jurist noch Geistlicher, wie er es ursprünglich geplant hatte. Auf einem Mustergut in der Nähe von Bern erlernt er die „modernen Methoden der Landwirtschaft“. Etwas später hofft er ein heruntergewirtschaftetes Landgut in der Nähe des Zürichsees zu erwerben. Dieses landwirtschaftliche Experiment scheitert dann später.
Eine Bemerkung des Chronisten ist sicher interessant: Die geistigen Strömungen seiner Zeit seien in den dafür offenen Sinn Pestalozzis eingeflossen, ohne schon zu einem selbständigen Ganzen verarbeitet zu sein. Die ethischen Motive haben bei ihm aber überwogen. Für ihn stehen der Mensch und seine Interessen im Mittelpunkt.

Ein bescheidener Anfang

Daß Kinder damals beim Broterwerb mithelfen mußten, war in den ärmeren Familien selbstverständlich. So beschäftigte ihn das Verhältnis von Arbeit und Erziehung und das von Standes- und Menschenbildung sehr. Er war überzeugt, daß nicht Arbeit von früh bis spät, sondern Mangel am Notwendigsten und Überfluß am Unnötigen Kinder in ihrer Entwicklung hemmt. Er gründet eine „Armenerziehungsanstalt“. Das Unternehmen war weder eine Fabrik noch eine Schule, sondern eine große Familie. Bald stellte sich heraus, daß sich diese Einrichtung doch nicht selbst unterhalten konnte, und er mußte „Menschenfreunde und Gönner“ um Unterstützung bitten.
Einige Rückschläge führten dazu, daß seine „Industrieschule armer Kinder“ scheiterte. Er selbst verarmte und geriet mit seiner Familie in Not. Und auch mit der Erziehung des eigenen Sohnes gab es Probleme. Aber

da setzte die Hilfsbereitschaft von Menschen ein, mit denen er in anregendem Gedankenaustausch über das Wesen wahrer Erziehung stand. Ihm wurde geraten, diese „aus dem praktischen Umgang mit dem armen Volk" gewonnenen Einsichten literarisch zu verwerten. So entstand ein schriftstellerisches Werk, das ein breites Spektrum erzieherischer Erkenntnisse zur Diskussion stellt, das aber auch in sich nicht ganz ohne Widerspruch ist – wie auch Pestalozzi selbst.

Es gibt Sätze, denen wir – damals wie heute – zustimmen können:

> „Nimm dem Vogel sein Nest, verdirb ihm sein Nest, so hast du sein Leben verdorben, laß dem Volk seine Wohnstuben im Verderben, so läßt du sein Leben im Verderben."

Anerkennung

Pestalozzi erhält 1801-1805 die Gelegenheit, in Burgdorf seine Vorstellungen von einem sinnvollen Unterricht anzuwenden, in dem der Stoff der Unterrichtsfächer „den Kräften des Kindes gemäß" geordnet wird. Der Bericht einer Prüfungskommission rühmt nicht nur die erstaunlichen Fortschritte der Kinder, sondern hebt auch hervor, daß die neue Lehrart sich für die einfachsten häuslichen Verhältnisse eigne. Es wird öffentlich bestätigt, daß er sich „bleibende Verdienste um die Jugend" des Landes erworben habe.

Unleugbar ist, daß er die Gefahren des 19. Jahrhunderts vorausgesehen hat: nämlich die Verstädterung, die zunehmende Industrialisierung, die Macht des Kapitals und die zunehmende Vermassung der Gesellschaft. Und er zeigt nicht nur die Gefahren für die Menschen auf, die sich hieraus ergeben, er zeigt auch, wie dem zu begegnen ist. Er war überzeugt, daß die positiven Werte für die Gesellschaft unverzichtbar seien. Seine Absicht war, Ideal und Wirklichkeit so nahe wie möglich zu bringen. Dazu gehört ein gutes Verhältnis zwischen Eltern und Kindern in einer positiven Familienbeziehung und Arbeit wie Beruf als Lebensaufgabe zu betrachten.

Barmherzigkeit

Ihrer sind viele,
die elend sind,
mißhandelt,
müd und allein.

Der Weg,
ihnen zu helfen,
ist manchmal vielleicht
nur wie ein Herzschlag lang.

Wenig Klagen,
noch weniger Worte
hat tiefe
und letzte Not.

Barmherzigkeit
hilft schweigend
das Schwere tragen;
Barmherzigkeit
läßt keinen, der leidet,
allein.

Gerda Gottschalk

„Laßt uns unsern Kindern leben“

Friedrich Fröbel wurde am 21. April 1782 in Oberweißbach im Thüringer Wald geboren. Nach einer Landwirtschafts- und Försterausbildung sowie naturwissenschaftlicher Studien (1802-1805) in Jena, begann Fröbel als Erzieher an einer „Musterschule“ in Frankfurt am Main, arbeitete eine Zeitlang als Hauslehrer und war von 1808 bis 1810 in Yverdon bei Pestalozzi. 1816 gründete er in Thüringen die „Allgemeine deutsche Erziehungsanstalt“. Es erfolgten von 1831 bis 1836 ähnliche Gründungen in der Schweiz. Die Berner Regierung übertrug ihm die Volksschullehrerfortbildung. Hier befaßte er sich damit, eine Vorschulerziehung aufzubauen. Nach Deutschland zurückgekehrt, gründete er 1837 in Bad Blankenburg eine „Beschäftigungsanstalt“ für Kleinkinder, seit 1840 als „Kindergarten“ bekannt, der aus unserer Gesellschaft nicht mehr wegzudenken ist.

Ein Herzensanliegen

Zum Jahreswechsel 1837 erschien in Bad Blankenburg/Thüringen die erste Ausgabe der Zeitschrift „Ein Sonntagsblatt für Gleichgesinnte“, in der unter anderem auch die Gründung einer „Spiel- und Beschäftigungsanstalt“ bekanntgegeben wurde. Fröbel entwickelte in einem Beitrag Plan und Zielsetzung eines solchen Vorhabens und stellte dies in den Zusammenhang seiner Ideen über Menschen- und Menschheitsbildung. Hier findet sich auch die Losung: „Kommt, laßt uns unsern Kindern leben!“ In einer 1848 der Deutschen Nationalversammlung vorgelegten Denkschrift steht in der Fußnote dieser Satz ebenfalls.

Die Zielvorstellungen und Überlegungen Fröbels erläutert später folgende Darlegung: „Wie im Frühling die Natur auf alle Geschöpfe, wie die steigende Sonne auf alle Wesen gleich wohltätig wärmend, weckend, entwickelnd – wachsen, blühen und fruchtmachend einwirkt, so soll auch jetzt die steigende Sonne der Erkenntnis, der Liebe, Güte und Menschlichkeit die Menschheit in der Kindheit als ein Ganzes erfassen und dennoch jedes einzelne Kind nach seinem Wesen und seinen Anlagen zum Ziel seiner Bestimmung führen.“

Der „Kindergarten“ soll keine „Bewahranstalt“ sein, sondern vielmehr ein Ort, wo Kinder im Vorschulalter spielend und entsprechend ihren Neigungen und Begabungen über das Spielzeug Verständnis sammeln sollten für bestimmte Formen von Gegenständen und ihre Anwendung im gestaltenden Gebrauch.

Seine These ist: „Die Idee einer dem Menschenwesen ganz entsprechenden, wahrhaft entwickelnden Pflege und Erziehungsweise der Kindheit und einer Anstalt

dafür läßt sich mit keinem einfachen Namen vollkommen bezeichnen, in keinem Bilde entsprechender, lebensvoller ausprägen und anschaulicher darstellen als in dem eines Kindergartens ... Die Grundbedeutung des Wortes Garten ist ja eben: warten und behüten, ist Schutz und Hort ... So soll denn auch auf gleiche Weise die Kinder gepflegt und beachtet werden."

Aufgabe und Ziel

Ein weiterer wichtiger Gesichtspunkt ist für ihn die Beziehung zum christlichen Glaubensgut: „Aufgabe und das Ziel der Kindergärten ist: Das Kind in und durch denselben ebenso stetig und seinem Wesen entsprechend zu seinem Menschenziele, zu einer Bestimmung zu führen, als Gott die Menschheit in seinem großen Lebensgarten stetig zu ihrer Bestimmung führte und noch führt, eben weil das Kind ja ein Glied der Menschheit ist."
Interessant ist unter anderem auch der Auszug aus einem Bericht einer ehemaligen Schülerin, die sich in Blankenburg zur Kindergärtnerin ausbilden ließ. In „Meine Erinnerung an Friedrich Fröbel" schildert sie einen Tag im Kindergarten:
„Auch dem Gärtchen wurde an jenem Tag ein Besuch abgestattet und die sogenannte Gartenarbeit verrichtet. Diese Gartenarbeit bestand zu jener Zeit nicht etwa in wirklichen Arbeiten für den Garten, als da sind: umgraben, säen ... Diese Hauptarbeiten wurden von Middendorff, Fröbel und von uns Schülerinnen und den größeren 10-12jährigen Knaben verrichtet; die Kinder gingen uns zur Hand, lasen Steine von den Beeten weg, säuberten den Spielplatz von Papierstücken und anderen nicht dahin gehörenden Dingen. Sie schauten den Arbeiten der Größeren zu, sammelten welke Blätter ein, halfen wohl Bohnen, Erbsen und Kartoffeln legen, suchten Pflänzchen zu begießen, beobachteten das Wachsen und Blühen, Fruchtansetzen und Fruchtreifen der einzelnen Gewächse. Alle Gartenarbeit wurde immer nur von Erwachsenen verrichtet."
Was Fröbel begann, wurde weiter ausgebaut. Bald war „Kindergarten" ein bekannter Begriff. Er ist heute als Institution aus dem gesellschaftlichen Leben nicht mehr wegzudenken. Die Inhalte der Kindergartenarbeit mögen sich hier und dort etwas gewandelt haben, aber die Grundkonzeption besteht weiterhin. Natürlich wird heute ein Kindergarten von dem jeweiligen Träger dieser Einrichtung geprägt, von seiner religiösen oder weltanschaulichen Zielsetzung. Aber als Grund-idee gilt immer noch: „Kommt, laßt uns unsern Kindern leben!"

Die Eindrücke, die man in der Jugend hatte, behalten das ganze Leben hindurch ihre Geltung, um so mehr, da uns die schöne Ursprünglichkeit unserer Gefühle erst durch unsere geistige Vorgeschrittenheit wohl bewußt wird.

Paul Bertololy

Gedanken zum Thema „Erziehung“

Wer nicht beten kann,
der kann auch nicht erziehen.
Sei, was die Kinder werden sollen.
Tue, was die Kinder tun sollen.
Unterlasse,
was die Kinder unterlassen sollen.

Fehlt es bei den Kindern, so untersuche dein Sein, dein Tun, dein Lassen, deinen Wandel. – Findest du bei dir Fehler, Abweichungen, so bessere dich zuerst; alsdann suche die Kinder zu bessern. Gedenke, daß deine Umgebung so oft nichts anderes ist als der Widerschein deines Seins.

H. Zeller, Erzieher (1779-1860)

*

Zu Johann Hinrich Wichern wurde einmal ein Junge gebracht, zwergartig gebaut, so schwach, daß er kaum gehen konnte. Der Stiefvater, der ihn brachte, übergab ihn mit den Worten: „Bei dem müssen Sie es mit der Hundepeitsche versuchen.“
Da an diesem Tage Wichern den Kindern ein Geschenk machen wollte, brachte er diesen Jungen zu einer der „Kinderfamilien“ des „Rauhen Hauses“. „Unvergeßlich ist mir der Eindruck dieser ‚Gabe‘ geblieben“, sagte Wichern später. „Auf der Stelle wurde dieser bedauernswerte Knabe mit Zeichen der Liebe umgeben. Seit dieser Zeit ist er besonders unter der Pflege seiner Kameraden sichtbar aufgeblüht und herangewachsen, und das in jeder Hinsicht. Er ist wie umgewandelt, er ist frisch und gesund, fröhlich und glücklich geworden.“

*

Ein Meister der Kindererziehung war der originelle schwäbische Pfarrer Flattich (gestorben 1797). Ihm wurden die „schlimmsten“ Knaben anvertraut. Eines Tages brachte ihm ein Oberamtmann seinen Sohn, von dem er klagend sagte, daß an ihm „Hopfen und Malz verloren seien“.
„Was haben Sie denn mit ihm angefangen?“ fragte Flattich. „Gehörig durchgehauen!“ – „Was weiter?“ – „Eingesperrt!“ – „Was weiter?“ – „Nichts zu essen gegeben!“ – „Und sonst?“ – „Sonst wußte ich nichts mehr.“ – „Haben Sie auch schon einmal für ihn gebetet?“ fragte jetzt Flattich. „Nein“, mußte der Vater eingestehen. „Nun, dann will ich es einmal für ihn tun“, sagte Flattich. Und wirklich, der Junge faßte Vertrauen, und sein Verhalten wurde zusehends positiver.

Ein wahrer „Vater“ ist er geworden

Friedrich Christian Carl von Bodelschwingh, geboren am 6. März 1831 in Tecklenburg/Westfalen. Nach dem Schulabschluß absolvierte er zunächst eine Landwirtschaftslehre und wurde Verwalter eines großen Gutes. Dann entschied er sich für das Theologiestudium und ging nach Basel. Seine erste Tätigkeit als Seelsorger übte er einige Jahre in Paris unter den dort lebenden zahlreichen Deutschen aus. Danach Pfarrer in Dellwig, in der Rheinprovinz. 1872 wurde er Leiter der 1867 gegründeten Anstalten in Bethel bei Bielefeld. Hier schuf er Ausbildungsstätten für Diakonissen und Diakone. Bethel wurde zur größten evangelischen Pflegestätte. 1882 gründete er „Arbeiterkolonien“. 1905 folgte dann in Bethel eine theologische Hochschule, 1906 die Bethel-Mission in Afrika. Er starb am 2. April 1910 in Bethel.

Prägende Jahre

Als Friedrich von Bodelschwingh geboren wurde, war sein Vater Landrat eines westfälischen Kreises. Drei Jahre später wurde er Oberpräsident der Rheinprovinz und dann in Berlin Finanzminister. Dieser Mann mit einem erstaunlichen Werdegang im politischen Bereich war in seinem Herzen – und er blieb es – ein schlichtgläubiger frommer Mensch. In seiner Erinnerung an seinen Vater erzählt Bodelschwingh später, daß er oft am Bett des an einer schweren Krankheit Leidenden saß. Aus einem kleinen Buch habe ihm der Vater dort die ersten Lesestunden gegeben. Für den Jungen war es zugleich der erste Religionsunterricht in kurzen einsilbigen Worten. Der Satz lautete: „Mein Kind, Gott ist sehr gut, er hat dich lieb!“

Ähnlich sprach auch die Mutter, wenn die Lebensumstände etwas problematisch wurden. Sie sagte dann: „Gott hat gewiß etwas besonders Gutes damit im Sinn.“ Diese ersten zwölf Jahre seiner Kindheit waren wohl entscheidend für seinen späteren Lebensweg. Er hat es gut gehabt und Liebe und Güte erfahren, und er wußte auch, wie gut Barmherzigkeit tat.

Nach der Schulausbildung wurde er Landwirt. Es zeigte sich bald, daß Wissen und Tatkraft ihn auszeichneten. Mit seiner offenen, zuversichtlichen Art gewann er die Herzen derer, mit denen er zu tun hatte. Bald wurde ihm die Verwalterstelle eines großen Gutes übertragen. Er war damals erst zweiundzwanzig Jahre alt – und er war gern Landwirt.

Zeitgenössische Ansicht von Bethel um 1926 (oben). Aus der heutigen Arbeit (unten).

Entscheidung für einen anderen Weg

Eines Tages bekommt er eine kleine Missionsschrift in die Hand und ist tief beeindruckt von dem, was er darin las. In ihm reift der Entschluß, Pastor und Seelsorger zu werden. Bald darauf geht er nach Basel und studiert dort Theologie. Aber statt als Missionar nach Afrika gesandt zu werden, wie er es sich im Herzen wünschte, erging an ihn der Ruf, in Paris tätig zu werden. Dort lebten damals etwa hunderttausend Deutsche, viele von ihnen in großer Not und Armut. Seine Aufgabe sollte sein, die Christen zu ihrem Glauben zurückzuführen.

Von Paris, wo er auch heiratete und eine Familie gründete, kommt er dann nach Dellwig in die Rheinprovinz. Hier in der Heimat sterben die ersten vier Kinder. Das ist für ihn und seine Frau sehr hart. Später sagt er, daß ihn diese Betroffenheit barmherzig gegenüber anderen Menschen gemacht hat. Ihn erreicht der Ruf nach Bielefeld, und er übernimmt die 1867 gegründeten Anstalten für „Fallsüchtige“. Die Fürsorge für die an Epilepsie Erkrankten lag in jener Zeit sehr im argen. Diese Menschen, die weder geisteskrank noch im wirklichen Sinn unfähig zur Arbeit waren, wurden in sogenannten „Irrenhäusern“ von der Umwelt abgeschirmt und fristeten ein kümmerliches und trauriges Dasein.

Bodelschwingh hat für sie entsprechend ihres gesundheitlichen Zustandes ein Arbeitsprogramm entwickelt, sie mit einbezogen in die Gesellschaft, hat ihnen damit wieder Lebensmut gegeben und bei ihnen Gottvertrauen geweckt. Die Schar derer, die in Bethel Betreuung suchten, wurde immer größer. Mädchen traten in das Mutterhaus ein, um sich in der Krankenpflege ausbilden zu lassen.

Eigeninitiative ist gefragt

Mit der aufkommenden Industrialisierung wuchs auch das Problem der Arbeitslosigkeit und mancher anderer Not. Bettelei, Diebstahl waren an der Tagesordnung. Da hatte er einen Plan, und er begann ihn zu verwirklichen. In der „Senne“, einem sandigen Gebiet im Lipper Land, machte er aus einer „Wüste“ fruchtbares Land mit seinen „Brüdern von der Landstraße“. Und nicht nur dort wurde er aktiv. In Berlin schuf er Asyle für Obdachlose und fand dort Menschen, die noch nicht ganz am Leben verzweifelt waren, die noch nicht die Hoffnung aufgegeben hatten, aus diesem Teufelskreis von Not und Armut herauszukommen. Er baute für sie und mit ihnen die Arbeiterkolonie „Hoffnungstal“ bei Bernau auf. Für sich selbst hatte er dort eine bescheidene kleine Unterkunft. Hierhin zog er sich mitunter zurück und hielt Zwiesprache mit seinem Gott.

Damals wurde er auch Abgeordneter im preußischen Landtag. Hier setzte er seinen Kampf für die Hilfsbedürftigen und sozial Schwachen unbeirrt fort. Es wird berichtet, daß er wenig von Formen und Floskeln hielt, daß er Abgeordnete mit „Ihr“ und Minister mit „Du“ anredete, wie seine Brüder und Schwestern in Bethel auch. Er scheute sich nicht, frei heraus zu sagen, was er dachte,

und er stand zu seinem Wort. „Vater Bodelschwingh“ wurde er genannt. Das war ein Ehrentitel, eine Auszeichnung, die sein ganzes Wesen betraf und die ausdrückte, was er für die ihm Anvertrauten sein wollte. Fast achtzig Jahre alt ist er am 6. April 1910 gestorben. Sein letztes Gebet soll er mit den Worten geschlossen haben: „Sorget nicht, Kinder. Alle eure Sorgen werfet auf ihn!“
Das Werk wurde weitergeführt vom jüngsten Sohn Friedrich, der am 14. August 1877 in Bethel zur Welt gekommen war und von Kind an eine enge Beziehung zu diesem Ort und seinen Menschen hatte. Er war mit allem bekannt und vertraut, was sein Vater aufgebaut hatte. Nach der theologischen Ausbildung war er seit 1901 Mitarbeiter seines Vaters und wurde nach dessen Tod zum Nachfolger gewählt. Er galt als ein hervorragender Seelsorger, der in seiner überzeugten Haltung dem Vater nicht nachstand. Das nationalsozialistische Regime verhinderte durch politische Einflußnahme Friedrich von Bodelschwinghs Wahl zum Reichsbischof der evangelischen Landeskirchen Deutschlands. Zusammen mit dem durch den katholischen Bischof von Münster von Gahlen und Pastor Braune geleisteten Widerstand wurde der Abbruch der staatlich angeordneten Tötung „lebensunwerten Lebens“ erreicht.

Bereit für eine neue Herausforderung

Im Laufe der Jahre hatte von Bodelschwingh im Hinterland der Anstalt einen Besitz nach dem anderen aufgekauft. Viele der Mieter waren weggezogen. Niemand hatte sich groß Gedanken darüber gemacht, wo sie geblieben waren. Die meisten hatten die Wohnung am Rande der Stadt mit einer Unterkunft in einer „Mietskaserne“ vertauschen müssen.
Eines Nachts gab es Feueralarm: „Eben-Ezer brennt!“ Da waren die Schreie der Kranken, die man zu retten bemüht war. Aber auch unfreundliche Rufe aus dem Kreis der Neugierigen und der Zuschauer.
In plattdeutscher Sprache kam es unüberhörbar herüber: „So ist’s recht, daß Bethel brennt; warum hat er uns aus unseren Häusern vertrieben.“ Drei Tage später brannte es erneut. Die Ursache konnte nicht aufgeklärt werden. Es wurde vermutet, daß es sich um einen heimlichen Racheakt handeln könnte.
Aber Bodelschwingh blieb jedes Gefühl von Bitterkeit fern. In seinen Ohren tönte jener nächtliche Ruf fort, und er empfand ihn wie einen Feuerbrand in seiner Seele. Wie ein Blitz hatte dieses Ereignis ein dunkles Gebiet erhellt.
Ein neues, weites Arbeitsfeld lag vor ihm: die Wohnungsfrage. Er plante und begann eine Arbeitersiedlung. Allmählich legte sich ein Kranz von Arbeiterheimstätten um den Ort.
Um auch anderwärts die große Wohnungsnot zu bekämpfen gründete er im April 1885 den „Deutschen Verein Arbeiterheim“.

Eine Predigt, die jeder versteht

Ernst Jakob Christoffel wurde am 4. September 1876 in Rheydt (Rheinland) geboren. Sein Vater hatte dort ein Klempnergeschäft. Das Christoffelsche Haus war offen für jeden, der Rat und Hilfe suchte. Auch viele Missionare waren dort zu Gast. Nach dem Abitur besucht er das Predigerseminar in Basel. 1904 schließt er seine Ausbildung ab, ist dann kurze Zeit Hauslehrer in Zürich. Bald darauf nimmt er das Angebot des Schweizer Hilfskomitees an, für eine befristete Zeit nach Siwas (Armenien) als Lehrer und Leiter von zwei Waisenhäusern zu gehen. Hier wird er mit der Not der Blinden im Orient konfrontiert. 1908 gründet er in Malatia/Türkei das erste Heim für Blinde, Körperbehinderte und Waisenkinder. 1925 eröffnet er in Täbris/Iran eine Blindenschule. 1955 stirbt er im Alter von 78 Jahren in Isfahan/Iran.

Das Lebensumfeld

Für jeden, der etwas Positives bewegt, ist entscheidend, wodurch er in seinem Lebensumfeld geprägt worden ist, welche Einflüsse und persönliche Erlebnisse ihn motiviert haben, sich „einzumischen", sich derer anzunehmen, die sich in einer hilflosen Position befinden.
Von Ernst J. Christoffel wissen wir, daß sein Elternhaus eine Stätte war, wo Christenleben praktiziert wurde, wo Gastfreundschaft ganz selbstverständlich war. Hier bestand auch eine Verbindung zu Missionaren, die vorübergehend in die Heimat zurückkehrten und von dem berichteten, was sie „draußen" erlebten.
Er selbst gehörte dem „Jugendbund für entschiedenes Christentum" an. So ist dann auch seine Ausbildung in Basel auf einen zukünftigen Missionsdienst ausgerichtet.

Ich half den Armen,
die um Hilfe riefen,
den Waisenkindern, denen niemand beistand.
Von neuem Mut Erfüllte priesen mich,
den Witwen gab ich Sicherheit und Freude.
Gerechtigkeit war immer mein Gewand,
mein Mantel und mein Turban war das Recht.
Für den Erblindeten war ich das Auge,
und für den Lahmen wurde ich der Fuß.
Für die Bedürftigen war ich der Vater,
das Recht der Fremden prüfte ich genau.

aus Hiob 29,12-16

Eine Lebensaufgabe

Es dauerte nicht lange, da ergeht an ihn der Ruf, für eine befristete Zeit zwei Waisenhäuser in Siwas in Kleinasien zu leiten. Da er nicht verheiratet ist – eigentlich war dies eine Voraussetzung, erklärt sich seine Schwester Hedwig bereit, ihn dorthin zu begleiten. Vor Ort macht ihn besonders die Not der Blinden betroffen. Hier reift der Entschluß, die Blindenfürsorge ins Programm der Missionstätigkeit mit einzubeziehen. Er macht recht bald die Erfahrung, daß er mit Schwierigkeiten leben und rechnen muß und vor ihnen nicht kapitulieren darf, denn es gibt so manches, was ihn entmutigen könnte. Hilfreich wird ihm ein wohlmeinender Zuspruch: „Schauen Sie nicht auf Menschen, schauen Sie auf Gott!"
Es wird berichtet, daß er einen geschärften Blick für die Notsituation anderer hatte. In Konstantinopel sei er eines Tages mit einem Freund durch die Stadt gegangen. Nach einer Wegstrecke habe er den Freund gefragt: „Wie viele Blinde hast du gesehen?" „Keinen", habe jener geantwortet. Darauf Christoffel: „Ich habe zwölf gezählt!"
Wiederholt kehrte er in die Heimat zurück, wo Freundeskreise bestanden, die die Arbeit der Christoffel-Geschwister unterstützten. Er und seine Schwester erlernten selbst die Blindenschrift, um ihre Kenntnisse weiterzugeben. 1908 reisen sie nach Malatia, einer Stadt am Oberlauf des Euphrat. Dort herrscht infolge einer Mißernte eine Hungersnot. Sie beginnen sofort mit einer Hilfsaktion. Aber da ist auch eine weitere Herausforderung: Blinde, Körperbehinderte und „Niemandskinder" werden aufgenommen und betreut. Nach einigen Wochen zählt die Heimfamilie fast sechzig Personen.
Dann bricht der 1. Weltkrieg aus. Christoffel ist gerade unterwegs nach Deutschland, denn er plant am Tigris eine Zweigstelle einzurichten und ein Heim für blinde Mädchen zu bauen. Er erreicht die Heimat und ist dann vorübergehend als Lazarettseelsorger tätig. 1916 bekommt er die Erlaubnis, nach Malatia zurückzukehren. Was er dort vorfindet, sind zerstörte Kirchen, Trümmer, wo bislang christliche Stadtteile standen. Das Heim war erhalten geblieben, aber die Hälfte der Insassen lebten nicht mehr. 1919 werden die Missionare ausgewiesen.

Zwischenstationen

Die Lage in der Heimat ist inzwischen bedrückend. Im Dienst der Inneren Mission findet er in der von Bodelschwingh gegründeten Arbeiterkolonie „Hoffnungstal" vor den Toren Berlins vorübergehend eine Aufgabe als Seelsorger. Aber die Sehnsucht nach „seinen" Blinden und den „Niemandskindern" im Orient bleibt. Er wird zu Vortragsreisen eingeladen und begeistert vor allem auch die Jugend für diese Aufgabe, von der sein Herz erfüllt ist. 1923 schließen sich in Berlin viele Jugendliche zum „Jugenbund der christlichen Blindenmission im Orient" zusammen. Sie wollen diese Arbeit unterstützen.
Eine erneute Einreise in die Türkei wird ihm verwehrt, aber 1925 wird ihm erlaubt, sich in

Isfahan im Iran niederzulassen. In Täbris gründet er eine Blindenheimschule, und 1929 wird etwas außerhalb von Isfahan ein größeres Heim eingerichtet. Dort nahm man sich auch der Taubstummen und der Körperbehinderten an. Das Bild der neuen „Heimfamilie" war recht bunt.
Der 2. Weltkrieg stoppt erneut Christoffels Werk. Der Iran wird von Truppen der kriegführenden Großmächte besetzt. Einige Mitarbeiter werden interniert. Christoffel wollte die Blinden nicht allein lassen. 1943 wurde er verhaftet und verbrachte drei Jahre hinter Stacheldraht. Die Englische Kirchenmission übernimmt seine Arbeit. Sein Wille blieb ungebrochen. Als 1951 der Weg für ihn wieder frei wird, macht sich der über 70jährige, kranke Christoffel erneut nach Isfahan auf, um das zu tun, was er ein lebenlang als seine Aufgabe ansah: im Namen Christi Behinderten, Blinden, Armen und Verlassenen zu helfen. Am 23. April 1955 stirbt er in Isfahan. Auf seinem Grabstein steht: „Vater der Blinden, Taubstummen und Niemandskinder".

Ein Gedanke lebt weiter

Aus einem kleinen Vorhaben, aus einem Herzensanliegen, aus bescheidenen Anfängen und so manchem Rückschlag ist inzwischen etwas geworden, was grenzübergreifend vielen Menschen zum Segen wird.
Die Christoffel-Blindenmission ist heute eine freie Dienstgemeinschaft von Christen verschiedener Glaubensprägung, die alle der Auftrag verbindet, Blinden und andern Behinderten – vor allem in den Ländern der Dritten Welt – zu helfen, ohne Ansehen von Nation, Rasse, Geschlecht oder Religion.
Schwerpunkte dieser Arbeit liegen bei der Heilung oder Vorbeugung von Blindheit sowie bei der schulischen und beruflichen Ausbildung blinder, körperbehinderter sowie gehörloser Menschen. Insgesamt fördert das überkonfessionell tätige Werk heute in über 100 Ländern – die meisten davon in der Dritten Welt – mehr als 1000 Entwicklungsprojekte: Krankenhäuser mit Augenabteilungen, mobile Außendienste, dörfliche Gesundheits- und Rehabilitationseinrichtungen, Schulen und Ausbildungsstätten.
Vor 30 Jahren löste man sich von der für Missionen lange geltenden Tradition, eigene Stationen gründen oder unterhalten zu müssen. Sie stellte sich vielmehr die Aufgabe als Dienstleister mit fachlichem Rat, finanzieller Hilfe und personeller Unterstützung, es einheimischen Kirchen zu ermöglichen, sich selbst um ihre notleidenden Landsleute zu kümmern. Heute arbeitet die Blindenmission mit nahezu 600 Partnern (einheimischen Ortskirchen, internationalen Missionen, örtlichen Selbsthilfegruppen oder christlichen Hilfswerken) zusammen.

Über allem steht ein grundsätzliches Wort von Ernst J. Christoffel:

„Der Weg der Blindenmission ist das Zeugnis des Glaubens, der durch die Liebe tätig ist. Die Tat der Liebe ist die Predigt, die jedermann versteht und die das Feuer entzünden muß."

„Ein Angebot der Liebe Gottes“

Johann Hinrich Wichern wurde am 21. April 1808 in Hamburg geboren. Von 1828 bis 1831 studierte er in Göttingen und Berlin Theologie. Er kehrt nach Hamburg zurück. 1833 wird ihm die Leitung der Sonntagsschule in Hamburg-St.Georg übertragen. Hier lernt er die notvolle Lage von Kindern kennen. Für sie möchte er ein „Rettungshaus“ gründen. Es gelingt ihm, für dieses Vorhaben einen Fördererkreis zu gewinnen und es auch in die Tat umzusetzen. Das „Rauhe Haus“ wird bald zu einem Begriff über Hamburg hinaus. Es bietet Waisen und auch schwererziehbaren Kindern ein Zuhause. Lehrwerkstätten für Jugendliche bereiten auf einen Beruf vor. Später kommt die Gefangenenfürsorge hinzu. Auf dem Wittenberger Kirchentag 1848 beeindruckt die Rede Wicherns. Die Innere Mission als Werk praktizierender Nächstenliebe wird gegründet.

Eine feste Zielvorstellung

Etwas von Herzen tun! Das war zutiefst die Lebensmaxime von Johann Hinrich Wichern. Er hat sich nicht nur in seiner Vaterstadt umgeschaut. Das Theologiestudium führte ihn nach Göttingen und dann nach Berlin, das bereits damals – wie wohl alle größeren Städte – seine Probleme hatte. Die zunehmende Industrialisierung bot zwar Arbeitsplätze an und lockte viele in die Stadt, aber überall dort, wo Ballungszentren entstanden, wo Menschen in sogenannten „Mietskasernen“ eine Bleibe fanden, führte dies zwangsläufig zu Konflikten. Betroffene: die Familien, und in ihnen vor allem die Schwächeren, die Kinder.

Nach Beendigung des Studiums kehrte Wichern nach Hamburg zurück, wo er sich der Not der Kinder annahm. Ihm zur Seite standen Frauen und Männer, die er für seine Aufgabe begeistern konnte.

Aus einem Besuchsverein im Hamburger Elendsviertel St. Georg erwuchs der Gedanke, eine Anstalt zu schaffen, *„in welcher Eltern, die es nicht selber vermögen, ihren Kindern eine christliche Erziehung zuteil werden lassen können.“* Durch Spenden und die Stiftung des Geländes in Horn ermutigt, begann hier in einer „zerfallenen Bauernkate“ die Arbeit des Rettungshauses.

Der Name „Rauhes Haus“ hat seinen Ursprung in dem ersten Erbauer der alten Kate, der „Ruge“ hieß. „Ruge's Haus“ = Haus des Ruge. Ins Hochdeutsche übertragen wurde dann daraus das „Rauhe Haus“.

Das Familienprinzip, später ein wesentlicher Bestandteil Wichernscher Pädagogik, entstand hier ebenso aus Notwendigkeit wie aus Einsicht.

Überzeugt, daß Gott führen wird

Wichtig war für ihn, daß hier nicht die eigene Tüchtigkeit im Vordergrund stehen durfte, sondern daß es gottgewollt war. Es wird berichtet, daß, wenn Freunde aus diesem Kreis sich trafen, sie die Frage stellten: „Betest du fleißig, daß der Herr uns seinen Willen und Weg zeigt?“

Und die Beteiligten machten wunderbare Erfahrungen. Eines Tages kam ein Unbekannter und spendete 100 Taler – damals eine beträchtliche Summe – mit den Worten: „Die sollen die Ihren für die Armen sein, aber ich wünsche, daß diese Summe womöglich für eine fromme Stiftung, am liebsten für eine solche, die erst im Entstehen ist, verwendet werde.“

A.W. Gehrken, ein Mann, von dem es hieß, daß „Gott ihn mit irdischen Gütern reichlich gesegnet“ habe, hatte in seinem Testament bedeutende Summen für „fromme Zwecke“ ausgesetzt, zum Beispiel zum Bau einer neuen Kirche, zur Besoldung einer Schiffspredigerstelle, zur Gründung einer christlichen Leihbibliothek und für ein künftiges „Rettungshaus“. Immerhin wurden dafür 17 500 Taler zur Verfügung gestellt.

Nach und nach werden auf diesem Gelände weitere Häuser gebaut. Die Kinder, die dort aufgenommen werden, bilden mit den Hauseltern eine große Familie. Hinzu kommen bald eine Gärtnerei mit einem Treibhaus, eine Werkstatt für die Jungen, eine Druckerei mit Buchbinderei.

Wichern erinnert später einmal an die Grundsteinlegung zum „Mutterhaus“, das etwa in der Mitte des Anwesens errichtet werden sollte. Es ist ein Grundbekenntnis: „Das ist das stete Bekenntnis unseres Rauhen Hauses gewesen und soll es auch ferner verbleiben, daß wir bauen auf einen ewigen, unveränderlichen Grund des Lebens, auf den unerschütterlichen Fels der Christenhoffnung, auf ein unsichtbares Kapital, das für das ewige Leben wuchert, auf den Eckstein, den kein anderes Gut ersetzen kann und der auch hier schon längst gelegt ist, auf Jesum Christum, der Menschen Heiland und Retter.“

Wichern – und „seine Kinder”

Einer seiner Heimkinder hatte Geburtstag. Wichern fragt: „Hast du auch schon dem Heiland für alle Güte und Liebe gedankt, die er dir im vergangenen Lebensjahr geschenkt hat?“ Erstaunt sah der Junge ihn an. Wofür sollte er denn danken? Gehörte er nicht zu den Ärmsten der Armen? Fehlten ihm nicht Vater und Mutter? Mußte er nicht täglich arbeiten? Hatte er nicht immer nur das Notwendigste gehabt? Wieviel reicher waren andere!

„Weißt du nicht, wofür zu danken ist?“ fragte Wichern. Der Junge zuckte mit den Schultern.

Da zog Wichern ein kleines Buch aus einem der Schubfächer seines Schreibtisches. Er las dem Jungen vor, was er im vergangenen Jahr Schönes erlebt, wieviel Freude ihm Tag um Tag begegnet war. Da war vom Weihnachtsfest die Rede, von dem schönen Ausflug ans Meer, von den neuen Schuhen, vom

neuen Anzug und von noch viel mehr. Die Augen des Jungen wurden größer, und plötzlich standen Tränen in ihnen.
Wichern legte ihm die Hand auf die Schulter: „Wir wollen Gott gemeinsam dafür danken!"

Was Glauben beinhaltet

In seinem Tagebuch erzählt Wichern, wie er den Konfirmanden klarzumachen versuchte, was Glauben sei:
Er nahm ein Geldstück und gab es dem Otto: „Da, Otto, nimm es!" Er wollte nicht. Der Peter nahm es und gab es dann dem Otto. Wichern erklärte, daß Annehmen das große Geschenk der Liebe Gottes sei. Und er fügte hinzu:
„Zum Glauben gehört auch das Zutrauen zu Gottes Liebe, die uns – und die dich, Otto, wecken und in Ewigkeit nicht lassen will. Aber mit dem Zutrauen allein ist es nicht getan, sondern das Zugreifen gehört auch dazu, wie du nach dem Geldstück gegriffen hast. Und noch ein Drittes gehört zum Glauben: das Festhalten des Erbarmens, das man von Gott empfängt; und dies Festhalten ist oft schwerer als das Nehmen."
Am Abend kam Otto und gab Wichern die Hand, und siehe da – plötzlich hatte er Wichern das Geld wiedergegeben. Es dünke ihm zuviel, sagte er. Darauf Wichern: „Mach's mit dem Geld, wie du und ich es mit der Gnade Gottes machen sollen: teile es unter deine Brüder!" Und da gab es viel Freude.

Erfahrungen sind Gottes Antwort

Tagebuch: Freitag, 11. Januar 1828.

Heute Abend sitze ich auf meinem Zimmer, den 13. Psalm zu präparieren, als meine Mutter mit Tränen in die Stube kommt. Sie hatte, während die Geschwister arbeiteten, drob gedacht, was sie für den halben Taler, das war alles, was sie noch hatte, wollte kaufen. Das Brod war alle und Fleisch für den Sonntag war auch nicht da, was bis jetzt noch nie gefehlt hat. Sie ist ruhig darüber und traut ihrem Gott.
Da kommt jemand an die Hausthür. Ein Dienstmädchen bringt einen Brief mit der Aufschrift: „Madame Wichern" und entfernt sich gleich wieder. Mutter öffnet ihn und liest die von einer Frauenhand geschriebenen Worte: „Trachtet am ersten nach dem Reich Gottes und nach seiner Gerechtigkeit, so wird euch das andere alles zufallen" (Matthäus 6,33). Daneben ein Papier mit zwei blanken holländischen Gulden. Wem überströmt da nicht sein Herz von Dank?

Am 7. April 1851 ist Wichern in Hamburg gestorben. Auf seinem Grabstein steht als Inschrift:
„Unser Glaube ist der Sieg, der die Welt überwunden hat."

Verstehen – miteinander leben

Giovanni Melchiore Bosco wurde am 16. August 1815 in Becchi bei Turin geboren. Theologische Ausbildung. Er nahm sich besonders der jungen Menschen an. Bekannt als italienischer Sozialpädagoge, Vertreter der „Präventiverziehung“, religiöser Schriftsteller. 1846 errichtete er in Turin-Valdocco ein Jugenddorf für etwa 700 Kinder und Jugendliche, die ihre Bindung zu ihren Familien verloren hatten. Es wurde zum Modell für über 500 ähnliche Einrichtungen in Europa und Übersee. 1857 gründete er in Turin die Kongregation der Selisianer Don Boscos zur Ausbildung und Erziehung gefährdeter Jugendlicher, regte den Bau von Schüler- und Lehrlingsheimen an. Heute eine Institution, die auch in Deutschland angesiedelt ist und behinderten jungen wie auch älteren Menschen eine Heimstätte bietet, in der sie betreut werden.

Frühe Weichenstellung

Es ist schon erstaunlich, wenn ein Kind, ein junger Mensch, angesichts widriger Lebensumstände, seine Lebensfreude und seinen Lebensmut nicht verliert. Zwei Jahre nach der Geburt von Giovanni Bosco stirbt sein Vater, ein einfacher Bauer. Die Sorge für die Familie liegt von nun an bei der jungen Witwe Margherita. Von ihr wird gesagt, daß sie gesunden Menschenverstand und Mut besaß und eine gläubige Frau war. Sie konnte zwar nicht lesen, aber sie kannte viele Abschnitte aus der Heiligen Schrift auswendig und lehrte sie ihre Kinder. Die Überzeugung, daß Gott bei ihnen gegenwärtig sei, bestimmte ihren Alltag, der keineswegs leicht war. Auch die Kinder mußten mitarbeiten, denn man verfügte über keinen großen Besitzstand.
Einige Jahre weiter gibt Giovanni eine Probe seiner Begabung. Nachdem er an einem Missionsgottesdienst teilgenommen hat, wiederholt er aus dem Gedächtnis dem staunenden Pfarrer die Ansprache, die er zuvor gehört hat. Auf die Frage, was er einmal werden möchte, antwortete er: „Priester!“ – „Und dann?“ – „Mich der verlassenen Kinder annehmen!“
Das ist nicht etwa aus einer Laune heraus gesagt. Wir wissen, daß er über die Gabe verfügte, junge Menschen um sich zu scharen und sie zu führen. Sie sollten durchaus ausgelassen sein, aber sie durften nicht fluchen und nicht streiten. Am Schluß seiner Gymnasialzeit gründete er in Chieri den „Bund der Fröhlichen“.

In einer Aufgabe aufgehen

In Turin setzt er seine theologische Ausbildung fort. Hier hatte er auch Gelegenheit, Turins Armut kennenzulernen, wo Arbeiterfamilien in Elendsbehausungen wohnten, in engen, stickigen Räumen zusammengedrängt. Vom Land kam alles herbei, was sein Glück in der Stadt zu finden hoffte. Jungen von zehn, zwölf Jahren strichen zu Hunderten herum und suchten Arbeit. Sie wurden zur Stadtplage – und niemand kümmerte sich um sie.

Hier sah der junge Priester eine Aufgabe. Heute hört sich alles sehr edel und gut an. Damals galt es gegen viele Vorurteile anzukämpfen. Er stieß auf viel Widerstand – auch bei seinen geistlichen Amtsbrüdern. Ein Versuch, ihn für verrückt zu erklären und in eine Irrenanstalt einzuweisen, scheiterte. So unglaublich es klingen mag: In der Zeit von 1853-1857 kam es zu mehreren Anschlägen auf sein Leben.

Viele Probleme brauchte es nicht zu geben – auch heute nicht –, wenn rechtzeitig etwas gegen die auslösenden Ursachen getan würde. Prävention meint Vorbeugung. Im Bereich der Erziehung ist dies ein wichtiger Gesichtspunkt. Wenn Kinder verwahrlosen, dann hat dies in der Regel einen ganz komplexen Hintergrund und eine unrühmliche Vorgeschichte.

Da sind Familien nicht mehr in der Lage, ein Hort der Geborgenheit zu sein. Es herrschen nicht nur Not und Armut, da ist an mitmenschlichen Beziehungen sehr viel zerbrochen. Es ist niemand da, der sich der heranwachsenden jungen Menschen annimmt, der offen ist für ihre Fragen, für ihre Anliegen, der ihnen eine Perspektive für ihr zukünftiges Leben gibt.

Schlimm ist es, wenn Kinder das Gefühl haben: Ich bin den Erwachsenen nur lästig, bin ihnen im Wege. So manche werden im wahrsten Sinne des Wortes „herumgestoßen“. Sie fühlen sich als Ausgestoßene, sind – wie Christoffel es einmal bezeichnete – „Niemandskinder“. So bilden sich Straßenbanden, die gesetzlos leben, die sich über geltende Regeln und Ordnungen hinwegsetzen. Die Gesellschaft beklagt zwar einen solchen Zustand, verhält sich aber doch hilflos.

„Der Herr hat mich
mit seinem Geist erfüllt.
Er hat mich bevollmächtigt
und mir den Auftrag gegeben,
den Armen gute Nachricht zu bringen;
den Gefangenen zu verkündigen,
daß sie frei sein sollen,
den Blinden, daß sie sehen werden.
Den Mißhandelten soll ich
die Freiheit bringen,
und das Jahr ausrufen,
in dem Gott sein Volk rettet.“

Die Gute Nachricht, Lukas 4,16-19

Unbeirrbar und treu – eine Lebenseinstellung

Einige Worte seiner Mutter sind überliefert, die sie ihm mit auf den Weg gab, bevor er zur weiteren Ausbildung ins Seminar ging: „Giovanni, du gehst nun fort im priesterlichen Gewand. Ich empfinde dabei all die Freude, die eine Mutter über das Glück eines Sohnes empfinden kann. Denke aber daran: Es ist nicht das Kleid, das deinen Stand ehrt, sondern allein die erprobte Tugend. Solltest du je an deiner Berufung zweifeln, dann bitte ich dich, um der Liebe Gottes willen: entehre dieses Gewand nie, lege es schnell ab! Lieber will ich einen armen Bauern als Sohn haben, als einen Priester, der seine Pflichten nachlässig erfüllt."
Er hat sich daran gehalten. Don Bosco hatte feste Vorstellungen von dem, was notwendig war und was Vorrang hatte. Er wußte auch, daß das, was er begann, nur ein Anfang war. Und er hoffte, daß diese Idee, weiter ausgebaut, über Turin hinaus wirken werde. Es fanden sich Freunde und Mithelfer, die dieses Werk unterstützten. Er baute und baute: Schulen, Werkstätten – und Kirchen. Das Geld dafür fiel ihm nicht in den Schoß. Aber er tat alles, was in seinen Kräften lag – und immer, wenn die Not am größten war, kamen die notwendigen finanziellen Mittel.
Wer sich an eine solche Aufgabe wagt, dem helfen wenige Theorien: er muß um den Weg wissen. Sein Wesen muß Verstehensbereitschaft ausstrahlen. Der junge Mensch muß spüren: Hier ist jemand, dem ich vertrauen darf, der nicht verurteilt, nicht schimpft, straft, sondern der zuhört, fragt, dem ich vor allem nicht gleichgültig bin.
Wer heute von Don Bosco spricht, der denkt weniger an Turin und was von dort aus einst seinen Anfang nahm. Heute sind die Heime mit dem Namen „Don Bosco" ein Begriff für Fürsorge am hilfsbedürftigen Menschen. Es ist ein wunderbares Leitwort: Einander verstehen – miteinander leben!

Der französischer Dichter André Gide (1868-1951) in einer „Antwort an eine protestierende Jugend":

„Deshalb möchte ich diesen jungen Menschen, die aus Mangel an einen Glauben ziellos geworden sind, zurufen, daß die Welt wieder Ordnung und einen Sinn bekommt, hängt ausschließlich von euch selber ab; nur vom Menschen selbst. Und daher muß man vom Menschen ausgehen. Diese sinnlose Welt wird aufhören sinnlos zu sein, wenn ihr nur wollt. Die Welt wird das sein, war ihr daraus macht."

Obhut ohne Obdach

In einer Lebensbeschreibung über Don Bosco heißt es:
Der Himmel läßt seine Gaben nur jenen zukommen, die sie verdienen. Erst recht muß das für jene gelten, die nach Außergewöhnlichem streben. Das wußte Don Bosco, der von der göttlichen Vorsehung das Unmögliche zu verlangen schien.
Wo „seine“ Kinder unterbringen, die, wenn er sie nicht in Gruppen zusammenfaßt, allen Gefahren der Straße ausgesetzt sind? . . . Von heute auf morgen standen seine Jungen auf der Straße. Doch eine vornehme Dame nahm den seltsamen Priester und seine fragwürdigen Schäfchen auf . . . Leider kamen die kleinen „Don Boscos“ nicht ohne Lärm aus. Die Gräfin geduldete sich acht Monate, dann machte sie den Versuch, Don Bosco als Almosenverwalter zu behalten, seine Schäfchen aber zu beseitigen. Vergebliches Bemühen. Der Hirte ging mit seinen Schafen. Bald waren es vierhundert. Ihre Zahl wächst fortwährend. Eine Bande! Wohin mit diesem störenden Gefolge!? Denn man muß durchhalten, komme was wolle . . .
Don Bosco sucht und findet. Gleich vertreibt man ihn wieder. Er sucht weiter, und wieder jagt man ihn davon . . . Er versucht alles, um diese unerwünschte Jugend beisammenzuhalten, sich mit ihr auszusprechen, sie zu unterrichten . . . Der Winter naht, und es ist kalt. Er mietet drei karge Zimmer. Kaum erblickt man seine elende Truppe, setzt man ihn vor die Tür. Klagen gegen ihn gelangen bis zum Bürgermeister, dem Grafen Cavour, der nicht mit sich spaßen läßt: „Don Bosco, damit muß Schluß gemacht werden! Lassen Sie mir diese Schlingel hier!“
„Diese Schlingel gehören zu meinem Unternehmen, Herr Bürgermeister. Ich werde sie nicht im Stich lassen. Im übrigen bin ich einzig meinem Bischof Gehorsam schuldig.“ . . .
Don Bosco läßt sich nicht entmutigen. Er setzt seine Arbeit fort . . . Den Kindern fällt es nicht ein, auseinanderzugehen. Dank seines unermüdlichen Eifers bildet sie eine geeinte Gruppe und klammert sich noch enger an ihn. Sie irrten durch die Stadt, gingen aufs Land, befanden sich, wie man so sagt, an der Luft.
„Eine Obhut ohne Obdach“, nannte es Don Bosco.

Danke! – Ein schweres Wort,
wenn das Glück genommen, die Freude verstummt,
Leben ausgelöscht, Hoffnung zerstört,
wenn des Leben Sinn sinnlos erscheint.

Danke! – Ein gutes Wort,
aus dem Herzen gesprochen, weil Gutes zuteil wurde,
das zur inneren und äußeren Gesundung beigetragen,
weil Güte, Wärme und Liebe erlebbar wurde.

Danke! – Ein wortloses Wort
im Aufleuchten der Augen, im Händedruck,
in der schützenden Umarmung, im Angenommensein,
verstanden als Aufmunterung und Zuspruch.

Danken – ein schönes Wort,
und mehr als nur ein Wort, denn es bekundet:
Du hast dir Gedanken über mich gemacht, gute Gedanken.
Was mir zuteil wird, ist mehr als ein Geschenk:
Du hast dein Herz sprechen lassen!

Wer dankt, bezeugt, daß er nicht gedankenlos dahinlebt.
An einem Tag wurden zehn Menschen vom Aussatz geheilt.
Nur einer kehrte zurück – und dankte.
Undank darf nicht „der Welt Lohn“ sein.

Hilfe ist nötig – Hilfe ist möglich

Rupert Neudeck, geboren am 14. Mai 1939 in Danzig. Studium der Philosophie, Germanistik, Soziologie und Theologie, verheiratet, drei Kinder. Seit 1977 Redakteur beim Deutschlandfunk. Gründete 1979 das Komitee „Ein Schiff für Vietnam“, später umbenannt in „Komitee Cap Anamur / Deutsche Notärzte“. Durch Schiffseinsätze konnten in drei Jahren 9 507 Menschen gerettet werden. Würdigungen wie 1985 die „Theodor Heuss-Medaille“, 1991 in Wien der „Bruno Kreisky Menschenrechtspreis“. Verschiedene Projekte werden z. Zt. unterstützt: Krankenhaus und Ambulanzen in Vietnam, 17 Ambulanzen in Choco (Kolumbien) bei schwarzen Minenarbeitern, im Nord-Irak ein Hospital bei den Kurden, Ambulanz in Angola, Hilfe für Frauen aus Bosnien, in Eritrea: Vorbereitung eines Hospitals in Tessenie.

Motivation

Jene Frauen und Männer, die sich mit ganzem Herzen für Menschen in Not einsetzen, haben eines gemeinsam: Sie können nicht tatenlos mit ansehen, wie Menschen mit ihren Problemen alleingelassen werden, wie sie ohne Hilfe von außen zugrunde gehen. Wie man dies auch nennen mag: Nächstenliebe, Bruderbewußtsein, soziales Gewissen, mitmenschliche Verantwortung – es gibt dafür einen gemeinsamen Ausgangspunkt: Wir Menschen sind aufeinander angewiesen, denn wir leben in einer Solidargemeinschaft. Die Not des anderen kann morgen schon meine eigene Not sein. Das mag sehr vereinfacht klingen, aber es ist so. Unser Jahrhundert ist voll von Beispielen, wie in kürzester Frist durch politische Veränderungen Regierungs- und Herrschaftssysteme hinweggefegt wurden und damit einhergehend auch die wirtschaftlichen Strukturen und das soziale Gefüge zusammenbrachen.
Das Wort „Idealist“ meint den aufopferungsbereiten, selbstlosen Menschen, dem die eigene Person nicht so wichtig ist, sondern der den anderen im Auge behält, der in Schwierigkeiten geraten ist und der aus eigener Kraft damit nicht fertig wird. Dieses Wort wird leider hier und dort im abwertenden Sinn gebraucht, in der etwas spöttischen Form vom „wirklichkeitsfremden Schwärmer“. Wir haben es in der Regel aber mit recht wirklichkeitsbewußten und tatkräftigen Menschen zu tun, denen Halbherzigkeiten zuwider sind.
Interessant ist sicher die Frage: Wie wird man ein solcher Mensch? Wir werden ja nicht als Idealisten geboren, und oftmals spielt bei der Erziehung leider eine gewisse Tändelei mit egoistischen Zielen nach dem Motto: Die Hauptsache mir geht es gut! Eine negative Rolle.

Wir aber leben in einer Welt, in der die Wertvorstellungen sich an den Bedürfnissen der Menschen orientieren. Und es gibt eine Bewußtseinsschärfung, die sowohl einen religiösen als auch einen ethischen Hintergrund hat. Da ist etwas von Generation auf Generation weitergegeben worden. Der Kainsfrage: „Soll ich meines Bruders Hüter sein?“ steht die Umkehrung gegenüber: Ich bin meines Bruders Hüter! Sein Lebensschicksal darf mir nicht gleichgültig sein.

Nicht wegschauen

Wegschauen, verdrängen, das sind Unworte unserer Zeit. Bekannt ist auch die Redewendung vom „kurzen Gedächtnis“. Nach dem unrühmlichen Vietnam-Krieg setzte eine Massenflucht aus dem eroberten südlichen Landesteil ein. Fluchtweg ist vor allem das Südchinesische Meer. Tragödien spielten sich ab. Die Schiffe waren zumeist veraltet und mit Menschenfracht überladen. Sie geraten in Seenot. Hinzu kommt eine erbarmungslose Seeräuberei. Den Flüchtenden wird die letzte Habe geraubt. Viele verlieren ihr Leben.

Es gibt eine Schlafkrankheit der Seele

Rupert Neudeck erinnert an eine Predigt, die Albert Schweitzer 1909 als „Letztes Wort an die Neukonfirmierten“ – vier Jahre vor seiner Abreise nach Lambarene – gehalten hat:
„Ihr wißt, daß im Innern von Afrika die Schlafkrankheit herrscht. Zuerst werden die Leute ein klein wenig matt, dann immer mehr und mehr, bis sie zuletzt immer wie schlafend daliegen und an Entkräftung sterben. Der berühmte Professor Koch aus Berlin war in jenen Gegenden, um die Schlafkrankheit zu studieren und entdeckte die Anfänge des Übels an vielen, die ihn deshalb auslachten und sagten, sie fühlten sich ganz wohl, und er wußte doch ganz sicher, daß sie schon angesteckt waren und bedauerte, daß sie sich nicht in Pflege begeben wollten.“
„So gibt es eine“, fährt Schweitzer fort, „Schlafkrankheit der Seele, bei der die Hauptgefahr ist, daß man sie nicht kommen fühlt; darum müßt ihr auf euch achten. Und wie ihr die geringste Gleichgültigkeit an euch merkt und gewahr werdet, wie ein gewisser Ernst, eine Sehnsucht, eine Begeisterungsfähigkeit in euch abnimmt, dann müßt ihr über euch erschrecken und euch klar werden, daß das davon kommt, daß eure Seele Schaden gelitten.“
Die Schlußfolgerung R. Neudecks ist:
„Deshalb sollen wir uns immer wieder bemühen, mit unserer Vorstellungskraft einzuholen, daß wir unglaublich privilegiert sind, daß wir per Zufall und ohne Verdienst in diesem unverschämt reichen Teil der Erde wohnen und gut leben. Daß wir versuchen, uns in diesem Zustand und Glück nicht alleine wohnlich einzurichten. Denn man soll sich nicht über das eigene Verlangen nach Glück schämen, aber darüber, allein glücklich sein zu wollen.“
1979 wird aufgrund einer Privatinitiative das „Komitee Cap Anamur/Deutsche Not-ärzte“ gegründet, genannt nach dem Schiff „Cap Anamur“, das für eine Rettungsaktion

gechartert wird und oftmals in letzter Minute zur Rettungsinsel wird. In der Rückschau kann festgestellt werden, daß bei diesen Rettungsfahrten insgesamt 9 507 Menschen gerettet und bereits an Bord ärztlich versorgt wurden. Finanziert wurde dieser Einsatz durch eine Spendenaktion.

Mittlerweile ist diese spontane Gründung eine Einrichtung karitativer Hilfe geworden, die von einem großen Fördererkreis finanziert wird. So stehen stets Mittel zur Verfügung, die unmittelbar eingesetzt werden können, wenn eine bestimmte Situation das erforderlich macht, sei es, daß Medikamente in ein Notgebiet Afrikas geflogen werden müssen, sei es, daß Zufluchtshäuser für Frauen eingerichtet werden müssen, die zwar einem erbarmungslosen Bürgerkrieg entkommen konnten, sich aber in einer seelischen und physischen Not befinden.

Schnelle Hilfe ist wirkliche Hilfe

Rupert Neudeck verfügt als Rundfunkjournalist über gute Kontakte zu Personen, die sich seiner Motivation zum Helfen nicht verschließen. Auch seine Familie ist mit bei der Sache, wenn es gilt, organisatorisch ein weiteres Hilfsprogramm zu starten. Die Stärke des „Komitees Cap Anamur" ist, daß hier kein großer Verwaltungsapparat in Bewegung gesetzt werden muß, daß es keiner langatmigen Bewilligungsprozedur bedarf, sondern daß frei entschieden werden kann, sofort zu handeln. Und schnelle Hilfe ist wirkliche Hilfe.

Aus einer humanitären Idee ist inzwischen so etwas wie ein konstanter Bestandteil einer karitativen Einrichtung geworden, ein Begriff, mit dem sich das Bild vom gegenwartsnahen Samariter verbindet, der dem Hilfe bringt, der unter die gnadenlose Härte der Räuber unseres Jahrhunderts gefallen ist.

Die Not im eigenen Land und in der Welt nimmt nicht ab, sondern sie wächst. Woher nehmen Menschen die Kraft, sich so stark für andere einzusetzen? Für die einen ist es ihr Glaube, für andere eine ethische Verpflichtung oder eine humanitäre Selbstverständlichkeit. Was auch immer hier genannt werden mag, gemeinsam sind sie davon überzeugt, daß das, was sie für andere tun, den Wert ihres Lebens bestimmt.

Der katholische Theologe Alfred Delp – er wurde kurz vor dem Ende des 2. Weltkrieges am 2. Februar 1945 in Berlin hingerichtet – hat dies so ausgedrückt:

„Wenn durch einen Menschen ein wenig mehr Liebe und Güte, ein wenig mehr Licht und Wahrheit in der Welt war, dann hat sein Leben einen Sinn gehabt."

Gut reden und schlecht handeln,
heißt sich mit eigener Stimme verdammen.

Kirchenvater Hieronymus

Traurig schauen uns Augen an,
angstvoll, bittend,
mitunter wie leergebrannt.
Sie haben viel gesehen,
was grauenvoll gewesen ist,
haben „die Hölle auf Erden“ erlebt.
Werden sie es je vergessen?
Einst sprühte aus ihnen Freudigkeit
sie blickten vertrauensvoll.

Über allem nun ein Fragezeichen.
Was wird morgen, übermorgen sein?
Wird das Leben wieder lebenswert?
Sie möchten die Freude wieder erleben,
Vertrauen in Menschengüte zurück-
gewinnen,
Schritte zum Leben möchten sie gehen.
Begleiten wir sie auf diesem Weg,
der ja auch unser Weg ist.

„Von Mensch zu Mensch“

Renate Schneider, am 11. April 1940 in Berlin-Lankwitz geboren, verheiratet, zwei Kinder, studierte Germanistik und Erziehungswissenschaften. Journalistisch arbeitete sie zunächst als freie Mitarbeiterin. 1980 erhielt sie das Angebot, in der Redaktion „Von Mensch zu Mensch“ des „Hamburger Abendblattes“ mitzuarbeiten. Diese Aufgabe hat sie so fasziniert und ausgefüllt, daß sie gern das Angebot annahm, die Leitung der Redaktion zu übernehmen. Seit einigen Jahren ist sie auch verantwortlich für den 1975 vom Hamburger Abendblatt gegründeten Verein „Kinder helfen Kindern eV.“, der sich zur Aufgabe gemacht hat, die Not von Kindern zu lindern.

Sorgenlast tragbarer machen

Unbestritten ist, daß heute über die modernen Medien Presse, Rundfunk und Fernsehen sehr viele Menschen erreicht und angesprochen werden. Wir werden zu unmittelbaren Teilnehmern eines Geschehens und empfinden Betroffenheit angesichts leidvoller Situationen.
Sehr intensiv ist in der Regel die Kommunikation auf örtlicher Ebene zwischen den Lesern der Tageszeitung und der Redaktion. Dies soll hier aufgegriffen werden. Über Jahrzehnte gibt es zum Beispiel im Hamburger Abendblatt am Wochenende unter der Sparte „Journal“ die Seite „Von Mensch zu Mensch“. Inzwischen ist sie so etwas wie eine Institution geworden, die nicht mehr wegzudenken ist – ähnliches gilt sicher auch an anderen Orten für andere Tageszeitungen.
Die ganze Bandbreite menschlicher Probleme kommt hier zur Sprache, und oft wird eine besondere Notsituation geschildert mit der anschließenden Bitte an die Leserschaft, doch spontan zu helfen. Die positive Reaktion ist erstaunlich. Und groß ist dann auch die Freude sowohl bei denen, die unvermutet Hilfe erfuhren als auch bei den ungenannt gebliebenen hilfsbereiten Menschen, wenn nach einiger Zeit berichtet werden kann, was diese Hilfsbereitschaft bewirkt hat. Es ist ihnen Lohn genug zu wissen: Ich habe mitgeholfen, daß etwas Gutes erreicht werden konnte!

Leitgedanken

Renate Schneider schreibt in einem ihrer begleitenden Texte:
Liebe Leser, „Von Mensch zu Mensch", dieses Motto umfaßt die ganze Palette gegenseitiger Beziehungen – von der Solidarität mit Mittellosen und Notleidenden, der Hilfsbereitschaft mit Kranken, egal, ob sie körperlich oder an der Seele leiden, von den mannigfachen Irrtümern und Anfechtungen, denen wir alltäglich ausgesetzt sind, bis endlich hin zum aggressiven Gegeneinander. Alles, was unser Leben schön und häßlich, beispielhaft und grausam macht, das spiegelt sich auch auf dieser Seite wider, an einem Tag, der doch eigentlich so voller Hoffnung ist: Frühlingsanfang! Hoffnung – worauf wollen wir hoffen? Vielleicht, daß wir aufhören, andere Menschen zu hassen, daß wir von Toleranz nicht nur reden, sondern sie tatsächlich in den Mittelpunkt unseres Lebens stellen.

Spontan helfen

Eine Zeitung, so wie sie allgemein verstanden wird, ist eigentlich nur zuständig für Nachrichten und Informationen, vielleicht auch noch für Unterhaltung. Der Gedanke, Menschen mit ihren großen und kleinen Sorgen helfen zu wollen und dabei eine Tageszeitung als Anlaufstelle zu wählen, wurde im Jahre 1952 geboren. Es war die Geburtsstunde der Redaktion „Von Mensch zu Mensch".
Das Gespräch mit dem Leser ist heute lebendiger denn je. Es geht um Liebe und Leid, um Krankheit, Tod und Trauer, um die Sorgen alter Menschen und um die Probleme der Jungen. Um Fragen der Erziehung, das oft so schwierige Zusammenleben von Mann und Frau, um Alkohol und andere Drogen, Spielsucht, Kinderfeindlichkeit, Arbeitslosigkeit und Obdachlosigkeit, Eifersucht und vor allem eines der größten Probleme: die Einsamkeit.
Angesichts der Abgründe, die sich dabei oft auftun, könnte man verzweifeln, wenn sich nicht gerade dann die andere Seite des Menschen zeigte – seine Hilfsbereitschaft. In der Redaktion „Von Mensch zu Mensch" erlebe ich sie jeden Tag beglückt von neuem.

Dank ist Lohn genug

„Man muß an die Menschen glauben, sonst lohnt es sich doch gar nicht zu leben", sagte Bertha von Suttner, die für ihren mutigen Einsatz für den Frieden 1905 den Nobelpreis erhielt. Nur der Glaube an das Gute im Menschen läßt uns hoffen angesichts des Hasses, der Brutalität und der Unversöhnlichkeit überall auf der Welt, aber auch mitten unter uns. Meine Leser machen es mir leicht, an das Gute zu glauben.
Durch viele kleine und große Spenden unserer Leser konnten wir vielen sterbenskranken Kindern und anderen helfen. So konnte auch Kamila gerettet werden, das blonde dreizehnjährige Mädchen aus Polen, das an einer besonderen Art von Knochenkrebs erkrankt war. Nur durch eine Operation in Deutschland hatte sie noch Überlebenschancen. Mit Hilfe unserer Leser konnte die ret-

tende Behandlung ermöglicht werden. „Kamila geht es wieder gut", schrieb der Vater überglücklich.
Für den russischen Herzspezialisten Prof. Nikolai M. Amossow konnten wir einen neuen Herzschrittmacher besorgen und damit sein Leben retten. Der Mann, der mehr als fünf Jahrzehnte Frauen, Männer und Kinder oft unter erbärmlichen Bedingungen operierte, ihr Leben rettete, mußte Hilfe im Ausland suchen, weil er in seiner Heimat keine Hilfe mehr fand. Doch es ist ja nicht das Geld allein; oft genug sind es unsere Leser selbst, die nach einer Veröffentlichung ihren Mitmenschen manchen Rat, manche Hilfe geben können, weil sie sich angesprochen fühlen oder von einem ähnlichen Schicksal betroffen waren.
Als ich z.B. den Brief einer ratlosen Mutter veröffentlichte, die für ihre aus den USA zurückkehrende kranke Tochter und deren Kinder eine Wohnung suchte, halfen unsere Leser spontan. Als ich um Hilfe für die Waisenkinder von Twer bat, die unter ärmlichsten Verhältnissen in ihrem Heim – rund zweihundert Kilometer von Moskau entfernt – leben, halfen Leser spontan mit vielen Sachspenden. So lassen sich noch viele Beispiele hinzufügen – und alle erzählen von sehr viel Herzensgüte, die sich auftut und mitteilt.

Der Name ist Verpflichtung

„Von Mensch zu Mensch" – dieser Name ist mir Verpflichtung. Ich versuche, auf möglichst viele Fragen eine Antwort zu geben und meine Erfahrung einzubringen. Ich habe im Laufe der Jahre gelernt, demütig zu werden. Warum? Weil jeder von uns von einer Minute zur anderen mit einem Schicksal konfrontiert werden kann, das er allein nicht meistern kann. Dann die Hand zu reichen und neue Wege der Hilfe aufzuzeigen, ist mein Anliegen. „Wenn jeder dem anderen helfen wollte, wäre allen geholfen", sagte Marie von Ebner-Eschenbach.
Für viele Menschen gibt es in ihrer Not tatsächlich keinen anderen Ansprechpartner als ihre Zeitung. Alle Briefe kommen mit vollem Absender. Ein besonders erschütterndes Thema ist die Einsamkeit, die seelische Not der Menschen, die häufig nur sehr schwer aufzuspüren ist, schwerer als die materielle, weil sie verborgener ist.
„Eine Last von Weh liegt auf der Welt", sagte einmal Albert Schweitzer. In der Redaktion „Von Mensch zu Mensch" werden wir täglich damit konfrontiert.
Wir helfen mit Rat und Tat, wir versuchen Mut zu machen, wir vermitteln zwischenmenschliche Beziehungen.
Eine sehr wichtige Hilfe können wir nur mit der Hilfe unserer Leser geben: die materielle. Kleine und große Spendenbeträge gehen auf unserem Spendenkonto ein. Mancher Geldschein fand sich in den Briefen an uns. Aber auch das erlebten wir: Eine ältere Frau kam zu uns, holte aus dem Halsausschnitt ihres Kleides einen Brustbeutel und zog einen zerknitterten Fünfzigmarkschein heraus: „Nehmen Sie den, helfen Sie damit einem Menschen, der es nötig hat", sagte sie leise und ging davon.

Ein Brief aus Kalkutta

Die Redaktion hatte dem „Haus Bethlehem" in Hamburg, in dem vier von Mutter Teresa geschickte Missionarinnen der Nächstenliebe tätig sind, zehntausend Mark überwiesen, die eine Leserin gespendet hatte. Aus Kalkutta erreichte uns daraufhin ein Brief von Mutter Teresa. Ein Auszug:

„Liebe Renate, ich danke Ihnen für Ihren freundlichen Brief mit Ihren liebevollen Wünschen und all den guten Nachrichten zu meinem Geburtstag. Unser Haus in Hamburg ist Gottes Geschenk für die Menschen in dieser großen Stadt, die danach streben, an dem Werk der Liebe für die hungrigen und heimatlosen Christen teilzuhaben.

Gottes Wege sind wundervoll. Seine Bescheidenheit ist so groß. Er macht sich selbst zum Ärmsten der Armen, den letzten von uns allen, den winzigen weißen Leib des Brotes des Lebens. Und dann überantwortet er sich in unsere Hände, unsere menschlichen Hände und Herzen. Wie groß ist sein Vertrauen in uns! Sogar das Leid ist ein Geschenk, das er uns anvertraut, denn es ist etwas sehr Besonderes für Gott. Es ist seine Absicht, eine Welt zu erlösen, welche er so großartig schuf, aber die all seine Liebe vergessen hat . . .

Gott segne Sie – Ihre Teresa."

Meine Schwestern, meine Brüder

Zur Person: Freiwillige Helfer, Ungenannte, aber nicht namenlos.
Alter: Junge und Alte, Frauen und Männer, Gesunde und nicht mehr ganz Gesunde.
Herkunft: Aus allen Bevölkerungskreisen, Begüterte und weniger Begüterte. Einheimische, aber auch Menschen aus anderen Ländern. Übersiedler, die in Verbindung zu den Menschen geblieben sind, mit denen sie einst zusammenlebten.
Aufgabe: Ein gemeinsames Anliegen: Not lindern, spontan helfen, für das Lebensnotwendige sorgen, Kleidung zur Verfügung stellen, eine Voraussetzung für Heilbehandlung und medizinische Versorgung schaffen, finanzielle Mittel dafür zur Verfügung stellen.

Vorangestellt

Es soll hier einmal nicht von einzelnen Personen die Rede sein, die im sozialen und mitmenschlichen Bereich etwas Großartiges aufgebaut haben, sondern von den vielen freiwilligen Helfern, die sich immer wieder spontan zur Verfügung stellen. Dies beginnt bei den eigenen Mitteln an Geld- und Sachspenden bis hin zum persönlichen Einsatz an Zeit und Arbeitskraft. Ohne diese selbstverständliche Willigkeit zur Hilfsbereitschaft käme manches nicht zustande, blieben Menschen in ihrer Not verzweifelt alleingelassen.
Wie sehr wir aufeinander angewiesen sind und wie wichtig menschliche Zuwendung ist, die wir andern zuteil werden lassen, haben Millionen von uns am Ende des 2. Weltkrieges am eigenen Leib erfahren. Ganze Straßenzüge und Stadtteile waren eine Trümmerwüste, Familien waren auseinandergerissen, und die Ungewißheit, ob die Angehörigen noch lebten, drückte schwer. Hinzu kamen Ströme von Heimatvertriebenen. Für die kleinste Hilfe war man dankbar.
An diese Situation muß erinnert werden, denn das Elend hat nicht aufgehört. Weltweit leben heute etwa 20 Millionen Menschen außerhalb ihrer Heimat, weil dort die Angst umgeht, das Leben ständig bedroht ist. In der Genfer Flüchtlingskonvention heißt es, daß die Person als Flüchtling gilt, die „aus begründeter Furcht vor Verfolgung wegen ihrer Rasse, Religion, Nationalität, Zugehörigkeit zu einer bestimmten sozialen Gruppe oder wegen ihrer politischen Überzeugung sich außerhalb des Landes befindet, dessen Staatsangehörigkeit sie besitzt . . ."

Was Not verursacht

Es wäre zu billig, einfach zu sagen, daß dies ein uraltes Problem ist, daß es immer Konflikte gegeben hat, daß Menschen vor der Bedrohung ihres Lebens anderswo Schutz und Zuflucht suchten. Was sich heute vor unseren Augen tut, hat aber ein Ausmaß angenommen, das es in solcher Form bisher nicht gab. Und wir sind auch erschrocken über das Maß an Brutalität, mit der gegeneinander vorgegangen wird. Das spricht allem Hohn, was bisher über Menschenrechte, Menschenwürde und Humanität in Abkommen und Resolutionen formuliert und festgelegt worden ist.
Hinzugekommen ist ein weiteres Problem: das der weltweiten Armut. Es wird bereits von der „Dritten Welt" und der „Vierten Welt" und von einem „Nord-Süd-Gefälle" gesprochen. Dahinter verbirgt sich eine harte Wirklichkeit: das Verhalten der reichen Industrieländer zu den immer ärmer werdenden Staaten. Die einen werden immer reicher, weil sie immer weniger für Rohstoffe und Produkte bezahlen und ihr technisches Wissen, ihre Dienstleistungen immer teurer hergeben. Die wirtschaftlich schwachen Länder müssen teure Kredite mit hohen Zinsbedingungen aufnehmen, um diese Waren bezahlen zu können. Es ist ein Teufelskreis, der in die Verelendung führt.
Ein weiteres großes Problem ist die Umweltzerstörung durch Klimaveränderung, deren Auslöser wiederum der Mensch mit seinem oft rücksichtslosen Umgang mit der Natur ist. Die Folge sind Dürrekatastrophen und Überschwemmungen, besonders in den armen Ländern der Welt, deren Armut dadurch noch größer wird.

> *Ich meine, es müßte einmal ein sehr großer Schmerz über die Menschen kommen, wenn sie erkennen, daß sie sich nicht geliebt haben, wie sie sich hätten lieben können.*
> Christian Morgenstern

Fachleute rechnen in den nächsten Jahren mit einer Fluchtbewegung von mehr als einer halben Milliarde Menschen. Diese Ursachen sind so komplex, daß sie nicht mehr als ein Problem einzelner Länder angesehen werden können.
Eine vordringliche Aufgabe ist die Beseitigung der Fluchtursachen, eine gerechtere Weltwirtschaftsordnung, die Beendigung des Raubbaus an der Natur – und vor allem die Zurücknahme des nationalen Egoismus der einzelnen Länder. In unmittelbarer Nachbarschaft, jenseits der Landesgrenzen warten Aufgaben. Und es ist ermutigend und erfreulich zugleich: Hilferufe verhallen nicht ungehört. Zu vielen Orten und Kirchengemeinden in Osteuropa bestehen sogenannte „Patenschaften".

Grenzenüberschreitende Hilfe

In den östlichen Nachbarländern hat es in letzter Zeit – politisch und wirtschaftlich bedingt – Notsituationen gegeben, von denen besonders die ältere Generation betroffen ist, weil die Renten kaum noch das Existenz-

minimum abdecken. Erinnern wir uns daran, wie groß die Hilfsbereitschaft auch heute ist. Spendenaufrufe verhallen nicht ungehört. Es ist erstaunlich, was in kürzester Frist alles auf den Weg gebracht wird.
Hier sollten auch die kleinen Gruppen genannt werden, die sich spontan in den Kirchengemeinden gebildet haben und die ganz bestimmte Hilfsprojekte betreuen: Krankenhäuser, Kinder- und Altenheime. Da wird z.B. der Verkaufserlös einer Basarveranstaltung ganz gezielt für die „Straßenkinder von Bukarest" eingesetzt, um dort den Grundstein zu legen für eine Arbeit, die zunächst sehr schwierig sein wird, weil die Schar derer, die betreut werden müßten, kaum zu erfassen ist. Man spricht von etwa 10 000 Kindern, die kein Zuhause haben, die bei großer Kälte in den Abwässerkanälen der Stadt übernachten. Sie schnüffeln zum Teil Lackdämpfe, um sich zu betäuben und um den Hunger nicht so zu spüren. Sie hoffen auf diese Weise die Kälte und ihr Elend zu ertragen.
Christen vor Ort haben mit einem besonderen Vorhaben begonnen. Ein zehn Hektar großes Grundstück ist bereits vorhanden. Dort soll ein Wohnheim, Schulräume, eine Bäckerei, Gewächshäuser und eine Druckerei errichtet werden, um den Kindern neben einer ausreichenden Verpflegung auch eine Ausbildung und ein Berufsziel anzubieten. Die Finanzierung ist inzwischen gesichert. An einem der Lastwagen, die Spenden über die Grenze ins Nachbarland brachten, stand auf einem Transparent: „Niemand geht über die Erde, den Gott nicht liebt!"

Die Lautlosen leben mit Engeln

Es sind die,
die nach Feierabend Kranke aufsuchen
mit Blumen vom letzten Lohn.
Die, die Einkäufe erledigen
für den rheumatischen Opa
im Hinterhaus vierte Etage.
Die die Treppe putzen
für die Nachbarin mit dem Baby –
die Lautlosen.

Die Lautlosen leben mit Engeln.
Du findest sie in der Maschinenhalle,
gegen Abend im vollen Kaufhaus
neben der Treppe.
Auch auf der Straße morgens um sieben.
Manchmal am Fabriktor
warten sie auf ihre Engel.

Du erkennst sie
am Glanz ihrer gütigen Augen.

Die Stadt zählt auf sie,
auf ihre glimmenden Feuer,
ihr Licht ohne Scheffel.

Ingrid Felder

Man zündet auch nicht ein Licht an und setzt es unter einen Scheffel, sondern auf einen Leuchter; so leuchtet es allen, die im Hause sind.
Matthäus 5,15

2. Such mit den Fertigen ein Ziel, / brich mit den Hungrigen dein Brot, / sprich mit den Sprachlosen ein Wort, / sing mit den Traurigen ein Lied.

3. Teil mit den Einsamen dein Haus, / such mit den Fertigen ein Ziel, / brich mit den Hungrigen dein Brot, / sprich mit den Sprachlosen ein Wort.

4. Sing mit den Traurigen ein Lied, / teil mit den Einsamen dein Haus, / such mit den Fertigen ein Ziel, / brich mit den Hungrigen dein Brot.

5. Sprich mit den Sprachlosen ein Wort, / sing mit den Traurigen ein Lied, / teil mit den Einsamen dein Haus, / such mit den Fertigen ein Ziel.

Text: Friedrich Karl Barth 1977, Melodie: Peter Janssens 1977; aus „Unkraut Leben“ 1977.

Quellennachweis:

S. 4: Elie Wiesel, Zwei Fremde, zwei Freunde, aus: Worte wie Licht in der Nacht, © Herder Verlag, Freiburg 1991; S. 5: Heinrich Böll, Poesie des Tuns, aus: Heinrich Böll, Die Fähigkeit zu trauern. Schriften und Reden 1984-1985, Bornheim-Merten 1986, Abdruck erfolgt mit Genehmigung des Verlages Kiepenheuer & Witsch Köln; S. 33: Obhut ohne Obdach, aus: Leonard von Matt/Henri Bosco, DON BOSCO. Don Bosco Verlag, München 1979 (Taschenbuchausgabe).

Wir haben uns bemüht, alle Zitate zu verifizieren und mit einem Quellennachweis zu belegen. Dies ist uns in einigen Fällen nicht gelungen. Wir bitten die Autoren oder Verlage dieser Textstellen, mit uns Verbindung aufzunehmen.

Bildnachweis:

Umschlag links oben, Seite 26, 29: Das Rauhe Haus, Archiv, Hamburg; Umschlag Mitte: Hans Lachmann, Monheim; Umschlag rechts oben: Nordlicht Bildarchiv, P.D. Hütter, Henstedt-Ulzburg; Umschlag links unten, Seite 35: Werner Richner, Saarlouis; Umschlag rechts unten, Seite 18: Bodelschwinghsche Anstalten, Bethel; Seite 3, 4. Umschlagseite: Peter Santor, Karlsruhe; Seite 5: Roland E. Jung, Bad Sassendorf; Seite 6: Süddeutscher Verlag, Bilderdienst, München; Seite 7: Historischer Magazinsaal der Franckeschen Stiftung in Halle/S., 18. Jahrhundert, Foto Schütze/Rodemann, Halle/S.; Seite 10: J.H. Pestalozzi, Seite 11: Pestalozzi unter den Waisenkindern zu Nidwalden, Holzstich 1890, Seite 14: F. Fröbel, Holzstich-Porträt des 19. Jahrhunderts, Fotos Bildarchiv Preussischer Kulturbesitz, Berlin; Seite 15: Nordlicht Bildarchiv, E. Harlandt, Henstedt-Ulzburg; Seite 19: Paul Schulz, Bethel; Seite 22: E.J. Christoffel, Seite 23 oben: Anpassen einer Brille in Kamerun, unten: In der Blindenheimschule, Fotos © CBM-Bild, Bensheim; Seite 30: Don Bosco, Foto © Photo Schemboche, Torino; Seite 36: R. Neudeck, Seite 39: Rettung von „Boat-People" durch die „Cap Anamur II", Fotos Jürgen Escher, Herford; Seite 40: R. Schneider, Foto Stephan Wallocha, Hamburg; Seite 43, 44: Nordlicht Bildarchiv, D. Schneider, Henstedt-Ulzburg.

Grafische Gestaltung: Hans-H. Holm, Hamburg
Satz und Lithos: Partner Satz GmbH, Hamburg
Schrift: Century Old Style
Printed in Belgium
Der Umwelt zuliebe gedruckt auf chlorfrei gebleichtem Papier
ISBN 3 7600 0660-4
Best.-Nr. 1 1549-6